STAN-DARD IST TÖD-LICH

JÜRGEN R. SCHMID

WO DIE ENERGIE HERKOMMT, DIE WIRTSCHAFT UND GESELLSCHAFT VORANBRINGT

INHALT

Der glückliche Löwe

Ich begleite meine Lebensgefährtin auf einen Flohmarkt.
An einem Büchertisch bleiben wir stehen und gehen das Angebot durch.
Bei einem Buch bleibe ich hängen. Es ist eines meiner Lieblingsbücher aus der Kindheit: „Der glückliche Löwe".
Das ist doch ein schönes Geschenk für meine Enkelin.
Ich beschließe, das Büchlein vorher noch einmal durchzulesen, denn so genau kann ich mich nicht mehr an die Geschichte erinnern.

Der glückliche Löwe lebt in einem Käfig im Zoo. Er wird gut versorgt, er mag die Besucher, die ihn so fröhlich von draußen bestaunen.
Eines Tages vergisst der Tierpfleger, die Käfigtür richtig zu schließen.
Der Löwe beschließt, die Menschen zu besuchen.
Also verlässt er seine Box und spaziert durch den Zoo. Doch der Löwe stellt verwundert fest, dass die Menschen nun nicht mehr fröhlich sind, sondern angsterfüllt vor ihm davonlaufen.
Die Polizei rückt mit großem Aufgebot an, fängt den Löwen ein und bringt ihn in seinen Käfig zurück.
Und alle sind glücklich, dass die alte Ordnung wiederhergestellt ist.
Auch der Löwe im Käfig.

„Was für eine blöde Geschichte!", denke ich.

WENN
DER
STANDARD
DIE
WELT
REGIERT

Ich bin Designer für Hightech-Industrieprodukte und den modernen Maschinenbau. In dieser höchst anspruchsvollen Branche habe ich schon sehr lange mit Standards zu tun. Sie sind aus der Wirtschaft nicht mehr wegzudenken. Sie haben ja auch etwas für sich: Sie bringen Stabilität und Sicherheit. Als Hilfsmittel der kontinuierlichen Verbesserung haben sie – am richtigen Platz eingesetzt – ihren Nutzen.
Und doch hat sich meine Einstellung zu ihnen fundamental verändert. Sie sind das Letzte, von dem unsere Wirtschaft heute mehr braucht. Die Standards begrenzen die Unternehmen schon jetzt wie die Gitterstäbe den Löwen im Käfig. Und der lässt ihnen kaum noch Bewegungsspielraum. Die Folge ist der schleichende Stillstand. Denn jeder Fortschritt braucht Raum. Im engen Käfig gibt es jedoch keinen Freiraum. Wer da drinnen sitzt, kann nicht „fortschreiten", sondern – wie ein Raubtier im Zoo – nur noch an den Gitterstäben entlang seine immer gleichen Kreise ziehen.
Was mir dabei wirklich Angst macht: Die Gitterstäbe aus Standards um die Firmen ziehen sich Stück für Stück noch enger …

DIE STANDARDISIERTE WIRTSCHAFT

Abgesunken und vergessen

Dieser Schrumpfeffekt des Käfigs rührt zum einen daher, dass die viel gepriesenen Standards der deutschen Industrie in die Jahre gekommen sind. Was früher ein hohes Niveau hatte, genügt heute im Vergleich nur noch niedrigem Durchschnittsanspruch. Das ist dann bestenfalls noch nullachtfünfzehn.
Zum anderen ist ein Hauptkennzeichen von Standards, dass sie nicht hinterfragt werden. Sie sind einfach da, so als wären sie schon immer da gewesen. Selbst wenn sie überholt sind, wenn sie keinerlei Nutzen mehr stiften und keinen Sinn mehr machen, behalten sie ihre Gültigkeit. Das heißt, alte Gitterstäbe bleiben für immer stehen, neue kommen einfach nur hinzu. Dabei sind Wahlspruch und Totschlagargument zugleich Sätze wie: „Das machen

wir schon immer so“, „Da wissen wir, dass es funktioniert“ oder „Dafür haben wir keine Zeit“.
Darüber hinaus sind Standards wie bodendeckendes Unkraut: Wenn ihnen kein Gärtner Einhalt gebietet, breiten sie sich unkontrolliert aus und wuchern alles zu. So ist es meiner Beobachtung nach in den letzten Jahren passiert: Standards sind zum Maß aller Dinge geworden.
Ihr Gestrüpp ist so dicht geworden, dass dazwischen nichts mehr Neues emporwachsen kann. Allem, was nicht dem Standard entspricht, wird gnadenlos die Luft abgedreht. Abweichungen aller Art stehen unter Strafe. Ungewohntes wird als Bedrohung empfunden und entsprechend geahndet.
So ist der Standard zu einer der größten Gefahren für unsere Wirtschaft geworden. Er hat sie bereits in einem tödlichen Würgegriff.
Aber keiner scheint es zu merken.

Zerstörerisch langsam

Ich bin in meiner Arbeit jeden Tag aufs Neue überrascht, dass diese Gefahr keine Aufmerksamkeit bekommt. Sie wird nicht öffentlich diskutiert. Sie spielt in den Medien keine Rolle. Sie ist kein Thema in all den vielen Unternehmenskonzepten.
Kein Wirtschaftsweiser heult auf. Kaum ein Ingenieur beklagt diese Situation. Vergebene Chancen werden nicht als Verlust registriert.
Alle wissen es, aber keiner meckert, wenn Optimierung als Innovation verkauft wird. Der Optimierungswahn wird als Fortschritt gefeiert. Doch alles, was hier fortschreitet, ist das Unheil, wenn auch in aller Stille.
Das kommt daher, dass dieses Unkraut im zerstörerischen Zeitlupentempo wächst: langsam, aber unerbittlich. Das ist wie der Trick beim Fliegenfangen: Wenn Sie Ihre Hand ganz langsam auf das Tier zubewegen, kommen Sie unbemerkt nahe genug heran, um dann plötzlich zuzuschnappen. Bewegen Sie Ihre Hand dagegen schnell, dann erfasst die Fliege die Gefahr und ist weg. Das heißt, das Schneckentempo, mit dem der Standard alles überwuchert, verdeckt den Blick auf den Prozess und auf die damit verbundene Gefahr. Selbst wenn die immer größer wird.
Dabei ist das alles gut sichtbar …

Neuer Blick

Wenn Sie aus der immer gleichen Richtung auf etwas schauen, dann werden Sie nie etwas Neues entdecken. Der Eindruck bleibt immer der gleiche. Sie haben keine Chance zu erfassen, was hinter dem steckt, was Sie sehen. So bleibt Ihnen auch die Gefahr verborgen.

Offensichtlich wird diese erst dann, wenn Sie Ihren gewohnten Blickwinkel verlassen und einen neuen einnehmen. Am besten treten Sie dazu einen, zwei oder viele Schritte zurück. Vergrößern Sie den Abstand, denn dann bekommen Sie einen Gesamtblick. Jenseits von Detaillösungen, Machbarkeit und Herstellkosten erkennen Sie, warum die Standardlösung keinen voranbringt und welche Lösung wirklich zukunftsfähig ist. Wahrer Fortschritt liegt jenseits aller Standards.

Eine Voraussetzung gibt es allerdings, damit Sie sehen, was Sie bisher noch nicht gesehen haben: Es ist die Fähigkeit und die Bereitschaft zur offenen Wahrnehmung. Denn Sehen und Wahrnehmen sind nicht ein und dasselbe: Die Wahrnehmung erfordert die Akzeptanz dessen, was Sie sehen. Nur das, was Sie auch wahrnehmen, dringt wirklich bis zu Ihrem Bewusstsein vor und lässt Sie erkennen, wie es ist. Manchmal bringt schon eine vorurteilsfreiere Herangehensweise neue Einsichten.

Es ist also theoretisch einfach, sich auf neue Perspektiven einzulassen und andere Einblicke zu bekommen. Und doch tun dies so wenige. Der Grund dafür ist, dass es mit Unsicherheit verbunden ist, die wir intuitiv meiden.

Wenn Sie einen neuen Standpunkt einnehmen, verlassen Sie den sicheren Grund und begeben sich auf geistiges Neuland. Denn von diesem neuen Standpunkt heraus entdecken Sie neue Ansichten und entwickeln neue Ideen. Und neue Ideen haben es so an sich, dass sie anfangs noch unvollkommen sind.

Strengen Diskussionen halten sie in dieser Phase oft noch nicht stand. Sie brauchen Zeit, sich zu entwickeln. In der Zwischenzeit sind Sie mit Ihrer neuen Idee angreifbar. Da wird Ihr Ansatz mit der Standardlösung verglichen, die Risiken werden der scheinbaren Sicherheit des Bewährten gegenübergestellt. Die Vorteile der neuen Lösung werden vom Tisch gewischt, denn Sie können sie ja noch nicht garantieren.

Aus Standard entsteht nur Standard

Doch wenn Sie sich nie vom Gewohnten lösen und sich lieber mit der Standardlösung zufriedengeben, dann kann nichts Neues entstehen. Damit machen Sie gerade in diesen Tagen Ihr Risiko ungleich größer. Wir haben uns mit einer neuen Welt der Technologie und Gesellschaftsentwicklung auseinanderzusetzen. In dieser neuen Welt können Sie mit alten Lösungen nicht gewinnen. Wenn wir im globalen Wettbewerb bestehen und unseren wirtschaftlichen Führungsanspruch behaupten wollen, dann brauchen wir dringend zukunftsfähige Lösungen.

Also beschäftige ich mich Tag für Tag intensiv mit neuen Perspektiven und der Schärfung meiner Wahrnehmung. Bei jeder Auseinandersetzung mit einer neuen Herausforderung ist das mein erster Schritt: Ich wechsle meinen Standort. Ich verändere den Betrachtungswinkel. Je nach Situation gehe ich näher ran oder weiter weg. Ein offener, flexibler Geist ist die Voraussetzung für neue Ansichten und Einsichten. Ohne diesen würde ich nie auf neue Ideen kommen.

Mit diesem flexiblen Blick schaue ich auch auf die Wirtschaft. Was ich da sehe, ist, dass der Standard ein Ausmaß angenommen hat, in dem er seine Zweckmäßigkeit durch Sinnlosigkeit ersetzt hat.

Schlimmer noch: Es gibt sogar moderne Managementmethoden, die den Status quo zum Ideal erklären. Der Werterhalt ist deren oberstes Gebot. Wie die weitverbreitete Benchmarking-Methode sind die nichts anderes als eine strukturierte Anleitung zum Kopieren. Bestenfalls springt noch eine unwesentliche Optimierung dabei heraus, mehr nicht. Der Maßstab ist der Wettbewerber. Dem marschiert dann einer nach dem anderen hinterher. Eigene Spuren hinterlassen sie dabei nicht. Und es fällt keinem auf, wenn das ein oder andere Unternehmen auf dem langen Marsch auf der Strecke bleibt. Spuren, die nicht erkennbar sind, werden im Markt auch nicht vermisst.

Wenn die Unternehmen also immer mehr Gleiches produzieren, sind die Ergebnisse nichts als standardisierte Kopien. Damit das nicht auffällt, werden sie verpackt in schöne Illusionen …

Das SUV-Phänomen

SUVs sind derzeit der Deutschen liebstes Autokind. Praktisch alle Autobauer haben den Trend erkannt und flugs auch solche Modelle auf den Markt gebracht. Entsprechend häufig finden Sie dann dazu Testberichte in den Automagazinen. Diese Artikel sind unterhaltsam und armselig zugleich.
Jeder dieser Testberichterstatter weiß: Alle Hersteller haben so ziemlich den gleichen Zugriff auf die weltweit verfügbare Technologie. Deshalb sind die Modelle in vergleichbaren Preisklassen praktisch identisch. Dennoch wollen uns die Zeitschriftenexperten glauben machen, dass es bei den Modellen enorme Unterschiede gibt.
Warum hier mit großem Aufwand Medienarbeit geleistet wird, ist klar: Das, was zählt, ist die Illusion der Käufer. Sie sollen das Gefühl haben, ein ganz individuelles Modell zu bekommen.
Interessanterweise wollen die Kunden auch an diese Unterschiede glauben. Und genau das machen sich Hersteller und leider auch die Tester zunutze, um ihre Existenzberechtigung zu demonstrieren: Kleinste Unterschiede im Ladevolumen, der Ergonomie oder der Motorleistung werden zu entscheidenden Kaufkriterien hochstilisiert.
Gerne würde ich die Vorstände der großen Automobilunternehmen zu einer „Blindverkostung“ ihrer eigenen Modelle einladen: Ob sie die Unterschiede korrekt identifizieren könnten?

Die Krux der Austauschbarkeit

Dieses SUV-Phänomen ist nicht auf die Automobilbranche beschränkt. Auch Waschmaschinen, Kaffeeautomaten, Flachbildschirme und Tausende anderer Produkte des Konsumbereichs sind komplett austauschbar.
Und wie bei den SUVs behelfen sich die Firmen für die Beschaffung von Unterschieden auf einer anderen Ebene: Sie werden kreativ im Erfinden von fantasievollen Begriffen für fantasielose Dinge. Sie haben die alte Marketingidee perfektioniert, in Ermangelung von „neuem Wein“ den alten in neuen Schläuchen zu verkaufen. Da wird aus der Dehnübung das Stretching, aus Computer-Integrated Manufacturing Industrie 4.0, aus Turnschuhen Sneakers, aus Widerstandskraft Resilienz, aus Tanzgymnastik erst Aerobic, dann

Zumba, aus Obst und Gemüse Superfood – um nur ein paar Beispiele zu nennen.
Und wenn eine Bierbrauerei damit wirbt, dass ihr Produkt aus „Felsquellwasser“ gebraut wird, dann komme ich schon ins Grübeln: Soll mich diese bewusste Verwirrung als einziges Unterscheidungsmerkmal tatsächlich überzeugen?
Doch das Phänomen zieht noch viel weitere Kreise: So ist es schon lange auch im Investitionsgüter- und Maschinenbaubereich angekommen. Das sagt keiner öffentlich, doch wenn ich mit den Experten der Branche unter vier Augen spreche, sind sich alle einig: Das, was an Technologie in den Produkten steckt, stellt kein Unterscheidungsmerkmal mehr dar. Selbst im Hochtechnologie-Bereich entstehen in einer standardisierten Wirtschaft nur noch standardisierte Produkte und Lösungen.
Das klingt erst einmal nicht dramatisch und wird gerade deshalb in seiner Tragweite komplett unterschätzt: Denn sobald die Käufer und Nutzer sich nicht mehr die Illusion der Unterschiedlichkeit aufschwatzen lassen, erkennen sie, was sie sich ab sofort sparen können: den aufwendigen Auswahlprozess und das Studium unzähliger Vergleichstests. Dann entscheidet nur noch eines über den Kauf oder Nicht-Kauf. Das ist der Preis.

Der Preis des Preiskampfes

Jeder Wettbewerb, der über den Preis ausgetragen wird, zwingt die Unternehmen, alle ihre Ressourcen in die Optimierung zu stecken. Der Takt des Tagesgeschäfts wird immer hektischer, für die Erschließung der Möglichkeiten und echten Neuentwicklungen bleibt weder Geld noch Zeit.
Deutschland hat nach wie vor die besten Ingenieure der Welt. Doch statt ihre Fähigkeiten in großartigen Innovationen zu entfalten, sind sie gehalten, hier noch eine günstigere Schraube und dort noch ein Bauteil aus billigerem Material vorzusehen. Auf diese Art verschwenden sie ihre Energie an geringfügige Optimierungen. Den Preis um den Faktor 10 senken können nur zukunftsfähige Innovationen – doch für die lässt der Standard keinen Raum.
Der Würgegriff des Standards wirkt gerade bei uns mörderisch. Und zwar auf breiter Front, also nicht nur in der Wirtschaft …

DIE STANDARDISIERTE GESELLSCHAFT

Sehen Sie mit mir exemplarisch drei ganz unterschiedliche Bereiche aus dem gesellschaftlichen Umfeld an.

Alles so schön gleich hier

Zum Ersten: Sind Sie in den letzten Jahren einmal offenen Auges durch ein Neubaugebiet spaziert? Dann haben Sie den Standard pur gesehen.
In Bebauungsplänen ist haargenau festgelegt, welche Fassadenfarbe, welche Dachneigung, welche Ziegelfarbe und -form, welche Fenstergröße vorgeschrieben sind. Auch die Grundstücke werden in Einheitsgrößen aufgeteilt und ausgewiesen. Abweichungen ausgeschlossen.
Es heißt, dass diese Vorgaben für ein ansprechendes Stadtbild sorgen sollen. Für mich als Designer sprechen allerdings die baulichen Ergebnisse eine andere Sprache. Einheitsbrei wirkt nicht ansprechend, sondern langweilig und kraftlos.
Bergdörfer im Süden Europas sind für mich in ästhetischer Hinsicht vorbildhaft: Sie zeigen, wie frei von Standards Einheit in der Vielfalt und damit Schönheit entsteht.

Alles so schön spannend hier

Zum Zweiten: Ich schaue mir schon lange kein Formel-1-Rennen mehr an. Die wechselnden Reglements sind ein Desaster. Nicht nur die Fahrzeuge müssen dem vorgeschriebenen Standard entsprechen, auch die Trainings, die Boxenstopps, die Kommunikationsregeln für Fahrer und Team – alles, alles ist in Regeln gepresst. Angeblich geht es dabei um Chancengleichheit für alle Teams. Die soll zu größerer Spannung im Rennen, höheren Zuschauerzahlen und damit höheren Werbeeinnahmen führen.

Durch diese Standardisierung sind aber nun nicht mehr Qualität von Fahrer und Fahrzeug die erfolgsentscheidenden Kriterien. Heute gewinnt derjenige, der sich in diesem Käfig der willkürlichen Festlegungen besser zurechtfindet. Damit ist für mich jede Spannung im Rennen gestorben.

Alles so schön gerecht hier

Zum Dritten: Die politischen Parteien sind verzweifelt auf der Suche nach Unterscheidungsmerkmalen. Sie befinden sich dabei in einem Dilemma: Auf der einen Seite weiß jede Partei mithilfe moderner Wähleranalysen genau, was „der Bürger" hören will. Und da jede Partei möglichst viele von diesen „Bürgern" hinter sich vereinen will, schreiben sie sich alle genau das Gleiche auf die Fahnen.

Auf der anderen Seite wollen sie sich von den übrigen Parteien abheben. Themen gäbe es genug, doch um die zu finden und zu schärfen, bräuchte es eine intensive Auseinandersetzung. Das fällt den Parteien offensichtlich schwer.

In diesem Dilemma hatte sich die SPD ausgerechnet das Stichwort „Gerechtigkeit" als Alleinstellungsmerkmal herausgepickt. Das ist jetzt erstens in unserem Land nicht wirklich der dringendste Engpass. Und zweitens könnte die Forderung genauso von den Linken wie den Rechten und der Mitte erhoben werden. Und wie der einstige Kanzlerkandidat Schulz sich versprechen konnte, dass er und seine Partei damit aus dem Einheitsbrei der politischen Landschaft hervortreten können, ist mir ein Rätsel.

Denn heute steht der Begriff „Gerechtigkeit" im Standardprogramm unserer Gesellschaft und ist als Unterscheidungskriterium wertlos geworden. Gleichzeitig wird gerade dieser Begriff massiv überstrapaziert, indem er als Rechtfertigung für den Bau immer neuer und engerer Gitterstäbe herangezogen wird.

Standards, Regeln, Gesetze

Die amerikanische Unabhängigkeitserklärung hat auf nur wenigen Seiten Platz. Das Bundeskleingartengesetz ist um vieles umfangreicher. Das ist typisch für die Regelwerke, die wir in den letzten Jahrzehnten entwickelt haben: Auf der Suche nach dem kleinsten gemeinsamen Gerechtigkeitsnen-

ner entsteht Komplexität um die banalsten Dinge. Einfachheit und Handhabbarkeit: Fehlanzeige.
Das liegt daran, dass Gerechtigkeit zwar ein hehres Ziel ist, aber mit keinem noch so engen Regelwerk wirklich erreicht werden kann. Diese Erfahrung haben wir alle persönlich schon gemacht. Und doch weigern wir uns, aus dieser Erfahrung die Konsequenzen zu ziehen.
Im Gegenteil: Wir steigern uns in einen Gerechtigkeitswahn sondergleichen. Wir arbeiten fleißig weiter an einer eh schon hochkomplexen Gesetzgebung, die uns jeden Spielraum für notwendige Veränderungen nimmt. Ganz zu schweigen von Flexibilität und Spontanität. Das führt in letzter Konsequenz zur absoluten Unfreiheit.
Dieser Verlust an Freiraum macht vor allem die glücklich, die von Haus aus nur wenig Raum für die Gestaltung beanspruchen. Sie sind zufrieden, wenn auch die anderen durch diese engen Vorgaben nur wenig Spielraum haben. Das verstehen sie unter Gerechtigkeit.
Alles und jedes über den gleichen Kamm zu scheren, ist jedoch, wie wenn Sie einen Elefanten und einen Leoparden daran messen, wer als Erster auf den Baum geklettert ist. Während jeder diese Gleichbehandlung blitzschnell als Unsinn erkennt, fehlt die Übertragung der Erkenntnis auf uns selbst. Die fällt uns schwer, weil uns diese vielen Vorschriften auch von einer lästigen Mühe befreien …
Wo es für jede Eventualität ein Regelwerk gibt, fühlen wir uns davon befreit, uns selbst eine Meinung bilden zu müssen. Wir brauchen keine Verantwortung übernehmen und nicht an unserem ethischen Selbstverständnis arbeiten. Es braucht weder Kompetenz in Sachen Streitkultur, noch braucht es Übung, um zu einem eigenen Urteil zu kommen. Diese Unfreiheit erleichtert das Leben ungemein.
Auch das ist der Käfig, in dem der Löwe in Gefangenschaft lebt. Und in den er gerne und freiwillig zurückkehrt, weil das Leben für ihn und auch für sein Umfeld dann so viel einfacher ist.
Und so ziehen wir nicht nur um unsere Wirtschaft, sondern auch um unsere Gesellschaft die Gitterstäbe immer enger und finden es wunderbar. So fühlen wir uns wohl und ergeben uns auch persönlich und freiwillig der verführerischen Macht des Standards …

DER STANDARDISIERTE MENSCH

Mit Erschrecken entdecke ich die Auswirkungen dieser Macht des Standards auch immer wieder an mir selbst. Ich habe für politische Correctness wenig übrig und doch fühle auch ich mich in schwachen Minuten dazu verpflichtet, die Mainstream-Meinung sprachlich zu dokumentieren. Wie reflexhaft das kommt, habe ich kürzlich mal wieder gemerkt:
Meine Mutter mit ihren 88 Jahren erzählt mir, dass der ambulante Pflegedienst einen netten Neger vorbeigeschickt hat.
Ich zucke zusammen und sage fast automatisch: „Der Begriff ist heute schwierig."
Sie fragt: „Ja, warum?"
Ich weiß keine überzeugende Antwort.

Harmonischer Standard

Wenn ich morgens auf dem Balkon stehe, dann sehe ich eine kleine Völkerwanderung von Jugendlichen auf dem Weg zum Schulbus.
Sie tragen alle die gleichen weißen Turnschuhe, die gleichen schwarzen engen Jeans , die gleiche Art von Umhängetaschen, die gleichen Frisuren. Und bei jedem leuchtet das Display des Smartphones. So gehen sie wortlos nebeneinanderher. Ein andächtiger Zug Gleichgeschalteter.
Diese Gleichförmigkeit ist ganz freiwillig, denn jeder will dazugehören. Standard ist Pflicht.
Damit sind die Jugendlichen nicht allein. Untersuchungen zeigen: Unsere Beziehungen haben umso länger Bestand, je mehr wir uns gleichen. Wir erkennen uns in dieser Gleichheit selbst im anderen. Wir vertrauen ihm so, wie wir uns selbst vertrauen. Wir haben die gleichen Interessen und ähnliche Ansichten. Wir haben mehr Verständnis und weniger Konflikte. Es ist die Garantie für Harmonie und Wohlbefinden.

Harmonischer Haken

Allerdings handeln wir uns mit dieser Gleichheit einen entscheidenden Schwachpunkt ein: Diskussionen finden kaum noch statt. Warum auch? Wenn es keine unterschiedlichen Ansichten gibt, mit denen wir uns auseinandersetzen müssen oder auch können und dürfen, erübrigt sich der Austausch. Was so herrlich friedlich klingt, ist brandgefährlich: Wenn der Austausch erlahmt, ist das der sicherste Weg hin zur Intoleranz. Wir kommen schlichtweg aus der Übung, mit anderen Meinungen, anderen Lebensweisen, anderen Kulturen konstruktiv umzugehen und unser Sichtfeld zu erweitern. Wenn dann doch Widerspruch kommt, reagieren wir reflexhaft mit Abwehr. Die kann zwei Ausprägungen haben: Entweder wir ignorieren die Gegenmeinung konsequent. Wir schenken ihr keine Beachtung, wir schweigen sie tot. Das geht. Zumindest so lange, bis sie uns dann doch auf die Füße fällt.
Oder wir beantworten den Widerspruch mit Aggression: mit Ausgrenzung, Beschimpfung, Rassismus, Fremdenhass.
Die Intoleranz gegenüber Unterschieden hat uns jedenfalls fest im Griff und diktiert viel zu oft unser Denken. Damit begrenzen wir aktiv unseren geistigen Horizont und hören auf, uns persönlich zu entwickeln.
Zum Ausgleich fliegen wir dann für eine Woche nach Bali, um wenigstens die Kultur der Hotelkette zu schnuppern. Weil wir dadurch großartige Eindrücke in einer fremden Welt erlangt haben, können wir danach unsere alten Standards umso vehementer vertreten.
Diesen Ansatz reproduzieren wir auch in unseren Medien …

Medialer Haken

Wenn einer wie Donald Trump mit ganz anderen, uns fremden Konzepten hantiert, dann haben wir dafür keine Schublade. Reflexhaft krähen alle Medienschaffenden empört durcheinander und verurteilen in Rundumschlagmanier undifferenziert alles, was er sagt. Das ist die Logik der Massenmedien: Wer sich einer möglichst breiten Zustimmung sicher sein will, der verurteilt das, was alle verurteilen.
Hinzu kommt, dass bei uns derjenige als besonders intelligent eingestuft wird, der sich mainstreammäßig kritisch äußert. Wenn Sie zustimmen, gera-

ten Sie schnell in den Verdacht der geistigen Einfältigkeit. Diesen Eindruck wollen nicht nur Journalisten gerne vermeiden.
Kürzlich hat Howard Carpendale seine „kritische“ Meinung zur aktuellen Politik der Vereinigten Staaten kundgetan und damit ausschließlich den Mainstream bedient. Und ich habe mich gefragt, was das soll. Will er demonstrieren, dass er brav denkt, was alle denken? Und wollen die Zeitungsredakteure ihre Leser im Mainstream bestärken, indem sie zeigen: „Seht her, auch eure alternden Stars denken so. Ihr und wir haben recht.“?
Ich denke, es fehlt an persönlicher Reflexion, an Standhaftigkeit oder an Mut. Meistens alles zusammen.
Anspruchsvolle Auseinandersetzung und interessanter konstruktiver Gedankenaustausch finden so nicht statt. Die Einheitsansichten innerhalb jeder Gruppierung verhärten sich.

Wenn's knallt

Das ist der beste Nährboden für die Herausbildung von extremen Standards abseits vom Hauptstrom: Schön abgeschottet von allen anderen Ansichten gedeihen sie wunderbar. Und wenn so ein extremer Nebenstrom dann an Wucht gewonnen hat und querschießt, ist der Hauptstrom massiv irritiert. Das führt zu Fehlverhalten oder Schockstarre.
Dann passiert das, was auch im Autoverkehr zu beobachten ist. Die endlose Autoschlange bewegt sich einschläfernd langsam, dumpf und gleichförmig in eine Richtung. Es reicht, wenn ein einziger Autofahrer die Nerven verliert oder unkonzentriert ist, ausschert oder abrupt bremst: Dann passiert das Unglück. Es knallt.
Keiner rechnet damit, alle sind überrascht und perplex. Das System kippt aus seinem Gleichgewicht, es entwickelt sich ein Megastau. Der Verkehr kommt zum Stillstand. Nichts geht mehr. Oft über Stunden.
Es reicht eine kleine Abweichung als Ursache einer großen Wirkung. Das gilt für die Wirtschaft und die Gesellschaft also genauso wie für die Individuen. Wenn ich alle diese Ebenen so anschaue, komme ich definitiv zu dem Schluss, dass der Standard, die Gleichheit und das Mittelmaß die Oberhand gewonnen haben. Individualität, Eigenständigkeit und freier Gestaltung wird dagegen die Luft abgedreht. Doch wie konnte es dazu kommen?

STANDARD IST MENSCHLICH

Die Jünger des Standards – die Jugendlichen wie die Politiker, die Formel-1-Gestalter wie die Baurechtler, die Manager und selbst die Extremisten – haben eines gemeinsam: Sie haben alle nachvollziehbare Beweggründe für ihr Verhalten, ihre Haltung und ihre Lebensweise. Denn der Rückzug auf den Standard ist menschlich. Wir mögen es gerne bequem und vermeiden Veränderung. Vor allem, wenn es um uns selbst geht.

Wir alle sind einer gefährlichen Kraftlosigkeit ausgeliefert. Sie ist es, die uns hin zum Standard schlittern lässt. Wo diese Kraftlosigkeit herrscht, droht jedes innere Wachstum zu erlahmen. Und so wie ein Baum stirbt, wenn er nicht mehr wächst, so ist es auch bei uns Menschen. Für beide gilt: Wachstum oder Tod.

Wir sterben nicht physisch, doch unser Geist stirbt – zusammen mit unserer Lebensenergie. Für mich das Bedrohlichste dabei ist: Wer keine Energie hat, der kann auch nicht gestalten. Und wer nicht gestaltet, der verliert. Er verliert Lebendigkeit, er verliert Freude, er verliert Glück – sprich: er verliert Lebensqualität. Von seiner Selbstbestimmung ganz zu schweigen.

Diese persönliche Kraftlosigkeit trifft damit nicht nur das Individuum. Es erlahmen auch Wirtschaft und Gesellschaft, denn es ist keiner mehr da, der gestaltet. Der totale Stillstand ist erreicht, jegliches Wachstum ist zum Erliegen gekommen.

Öffnen wir also die Augen und erkennen, wo die Kraftlosigkeit herkommt und was wir ihr entgegensetzen können. Denn wir stehen vor einer riesengroßen Aufgabe: Es gilt, eine lebenswerte und vielversprechende Zukunft zu gestalten.

Jeder für sich und wir alle gemeinsam.

Treten Sie mit mir einen großen Schritt zurück und öffnen Sie Ihren Blick für eine neue Perspektive: auf sich, auf Ihr Umfeld, auf unsere Wirtschaft und auf unsere Gesellschaft. Und als Erstes schauen wir auf die Kraftlosigkeit, die dem Standard Tür und Tor öffnet, und ihre vielfältigen Ursachen …

TEIL I

KRAFT-
LOSIG-
KEIT

1

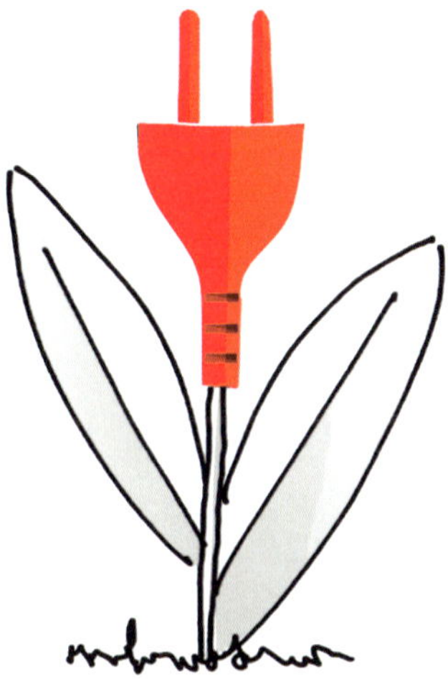

DIE ANLAGE

im Sparmodus!

Der Stand-by-Betrieb von elektronischen Geräten hat ein menschliches Vorbild: Wann immer möglich, schaltet das Gehirn seine Leistung auf Sparmodus. Und wie beim Stand-by bedeutet das: Nicht ganz an, aber auch nicht ganz aus. Nicht tot, aber kraftlos.

Denken im Sparmodus

Es ist nicht so, dass der Sparmodus das Gehirn von Denkprozessen entlastet, wie es zum Beispiel in der Meditation passieren soll. Das bewusste Freimachen von Gedanken ist extrem anstrengend. Als ich meine ersten meditativen Versuche machte, brachte ich nicht die Konzentration auf, auch nur zehn Sekunden an gar nichts zu denken.
Daraufhin habe ich mich bewusst beim Denken beobachtet und zwei Dinge sind mir aufgefallen: Erstens produziere ich ständig Gedanken – selbst wenn ich nicht bewusst über etwas nachdenke. Und zweitens sind die Gedanken, die mir während des Sparmodus kommen, komplett unproduktiv. Diese Spargedanken drehen sich immer nur im Kreis. Sie bringen mich kein Stück voran.

Handeln im Sparmodus

Das ist ein wichtiges Kennzeichen des Sparmodus: Er erzeugt keine Vorwärtsbewegung. Nicht im Denken und nicht im Handeln.
Denn was für die Gedanken gilt, gilt auch für das Tun. Sie können im Sparmodus unglaublich beschäftigt sein: mit Abarbeiten von vorgefertigten Aufgaben, mit Fernsehen, mit Jammern über das Wetter und andere Dinge, die Sie eh nicht ändern können und so weiter. Das sind alles Tätigkeiten, die Sie im Stand-by hervorragend bewältigen können. Doch mit diesen halten Sie sich bestenfalls auf Ihrem aktuellen Niveau.
Alles, was weitergeht, was mit Gestalten zu tun hat, was über das Gewohnte hinausgeht, ist im Sparmodus unmöglich. Jeder Stand-by-Betrieb ist in diesem Sinne unproduktiv. Das ist für elektronische Geräte in Ordnung, doch warum hat die Natur sich auf so etwas eingelassen?

Der Haushaltsplan

Ich habe eine Erklärung dafür gefunden: Unser Gehirn steckt noch in seinem Haushaltsplan für die Steinzeit fest. Dieser Plan geht von zwei Voraussetzungen aus:

1. Wir müssen auf unsere körperlichen und geistigen Energiereserven sorgsam achten, weil der kontinuierliche Nachschub in Form von Nahrung nicht gesichert ist.
2. Sparen ist dafür der einzig sinnvolle Weg.

Vor ein paar Tausend Jahren traf der erste Punkt für die meisten Menschen zu. Heute gilt er zumindest für uns, die wir in den Industrienationen leben, nicht mehr. Wir haben mehr als ausreichend zu essen. Damit hat sich der erste Grund für den Sparmodus bereits erledigt.
Und dieser Wandel gilt auch für Grund 2. Früher hat die Grundannahme der Natur gepasst, dass unsere Energiespeicher vorrangig wie Batterien funktionieren: Sie entladen sich durch Benutzung ausschließlich in eine Richtung. Doch das trifft heute nicht mehr zu …

Der Akku

Der Mensch ist mehr wie ein Akku mit Energierückgewinnungssystem: Während wir kraftvoll Energie investieren, erzeugen wir allein mit diesem Tun Energie, die zu uns zurückfließt. Der Rückfluss wird unter anderem erzeugt über Freude an der Arbeit, über Stolz, über Anerkennung oder über körperliche Bewegung.
Ich merke das an mir selbst: Wenn ich mich nach einem anstrengenden Arbeitstag erschöpft erst mal auf die Terrasse setze, dann werde ich an diesem Abend nichts mehr zustande bringen. Ein gutes Buch? Ein spannendes Gespräch? Selbst nach ein oder zwei Stunden Ruhe kann ich mich dazu nicht mehr aufraffen.
Wenn ich mich dagegen sofort aufs Fahrrad setze und noch ein paar Kilometer zurücklege, bin ich wieder fit und habe Lust auf einen angeregten Abend.

Das Ende des Akkus

Der Sparmodus entwickelt also nur ein Eigenleben, aber keine Energie. Der scheinbar so energieeffiziente Modus führt erst recht in den Energieverlust.
Und die Auswirkungen sind noch ernsthafter: Wenn wir dauerhaft im Stand-by bleiben und unserem Akku keine Energie mehr abziehen, dann wird er unbrauchbar. Er bringt immer weniger und weniger Leistung, bis er schließlich völlig aufgibt. So hat der vor langer Zeit einmal gute Sparplan der Natur nicht nur seinen Sinn verloren, sondern verkehrt sich in sein Gegenteil. Doch wir ignorieren, dass uns dieses eingebaute Programm heute schadet, wir lassen es gewähren. Und erziehen auch noch unsere Kinder in diesem Sinne.

Sparsam gezogen

Oft ist der Antrieb hinter den Erziehungsversuchen von Eltern nicht das Wohl des Kindes, sondern der eigene Sparmodus: Je mehr die Kinder das tun, was von ihnen erwartet wird, desto weniger Widerspruch leisten sie selbst und desto weniger Widerspruch fordern sie heraus. Und so kosten sie

ihre Eltern die wenigste Energie. Das wird von den Eltern entsprechend belohnt. Dieses Prinzip funktioniert nicht nur in der Erziehung von Kindern: Über die Zeit bekommen wir immer das, was wir belohnen.
Ich habe dagegen meinen Eltern einiges zugemutet, als ich als Jugendlicher in zerrissenen Jeans aus dem Haus bin – das war in den 1970er-Jahren in meinem schwäbischen Heimatdorf aufsehenerregend. Meine Mutter hatte mir jeden Tag aufs Neue die schönen Hosen bereitgelegt, und ich ignorierte das genauso beharrlich jeden Tag. Das führte regelmäßig zu angeregten Diskussionen am Frühstückstisch. Doch die wollte ich aushalten lernen.
Die meisten Kinder merken schnell: Es lebt sich deutlich bequemer, wenn sie das tun, was andere vorgeben, als wenn sie gegen den Strom schwimmen. In dieser Erfahrung werden sie dann im weiteren Verlauf ihrer Jugend bestätigt …

Sparsam gebildet

Die Erziehung zum Durchschnitt setzt sich in der Schule fort und wird verstärkt. Ich hatte einen Klassenkameraden, der ein kluger Kopf war. In Mathe und Physik schrieb er nur Einsen. In diesen Fächern bekam er Druck von den Lehrern, weil er sie mit seinen intelligenten Fragen aus ihrem eigenen Sparmodus zwang.
Andere Fächer dagegen wie zum Beispiel Geschichte haben ihn einfach nicht interessiert und entsprechend waren seine Noten. Dafür bekam er ebenfalls Druck. Bis er sich auf eine Vier gerettet hatte.
Nur wer sich mit Leistung und Verhalten schön im Mittelmaß bewegt, bleibt in der Schule von dem Druck verschont. So trimmt unser Bildungssystem schon die Kinder gezielt auf soliden Durchschnitt bis hin zur Unauffälligkeit. Abweichungen aller Art werden geahndet.
Diese Erziehung prägt den Charakter. Es wird normal, die Erwartungen anderer zu erfüllen, statt selbst zu gestalten. Gleichzeitig wird den Kindern ausgetrieben, was sie eigentlich auszeichnet: die Spielfreude, der innere Antrieb, die Welt zu entdecken, und ihr Potenzial zu entwickeln.

Sie wollen mehr

Ich habe vier Kinder und es war mir bei allen eine Freude zu sehen, wie sie sich Stück für Stück die Welt erschlossen haben. Die ersten Monate lagen sie einfach auf dem Rücken oder dem Bauch. Sie wurden gut versorgt und hatten es bequem – doch das reichte ihnen nicht. Sobald sie bewusst in dieser Welt angekommen waren, wurden sie unzufrieden und wollten mehr.

Als Erstes kämpften sie schwer, bis sie es schafften, sich umzudrehen. Sobald sie das gelernt hatten, wollten sie weiter: Sie wollten sich vom Fleck bewegen. Also mühten sie sich nach Kräften, das Krabbeln zu lernen. Und dann wollten sie auf zwei Beinen laufen.

Natürlich scheiterten die ersten Versuche und auch die nächsten. Ein Rückschlag folgte dem anderen. Doch keines hat daraufhin das Laufenlernen aufgegeben und sich mit dem Gedanken getröstet: „Was soll's? Geh ich halt weiter auf allen vieren. Schließlich komme ich so auch voran."

Ich kenne viele Erwachsene, die genauso auf Rückschläge reagieren. Doch ein Kleinkind gibt nicht auf. Und das, obwohl es weder Disziplin noch Drill kennt. Es ist die innere Freude am Tun, die es antreibt, und eine Neugier auf das, was es selbst erreichen kann.

Der Sparmodus hat noch keine Chance.

Der Umschlagpunkt

So erarbeiten sich die Kinder aus der kombinierten Kraft aus Neugier und Freude heraus Fähigkeit um Fähigkeit. Sie lernen laufen und sprechen. Schubladen aus- und auch wieder einräumen. Lesen und schreiben.

Ich finde es interessant zu beobachten, dass bei den meisten der Sparmodus dann zu greifen beginnt, sobald sie diese Fähigkeiten für sich erobert haben. Wenn sie laufen können, werden sie lauffaul. Wenn sie aufräumen können, werden sie Schlamper. Wenn sie lesen können, legen sie die Bücher weg.

Der innere Antrieb ist erlahmt. Das Trägheitsprogramm entfaltet seine Wirkung für die erlernte Fähigkeit.

„Will auch ..."

Doch in diesen jungen Jahren gibt es noch genug weitere Fähigkeiten, die Begehrlichkeiten und damit den inneren Antrieb bei den Kindern auslösen. Die Begehrlichkeiten werden auch durch Konkurrenz geweckt: Ein Kind, das das Nachbarskind auf einen hohen Baum klettern sieht, denkt sich: „Das will ich auch können." Und schon legt es los. Ich finde diese Art Konkurrenz hervorragend, denn sie entfacht großen Eifer und wirkt wie ein Motor.
Dieser Antrieb durch Wettbewerb sorgt auch im Erwachsenenalter noch dafür, dass wir uns ständig weiterentwickeln wollen. Nur legt sich der Sparmodus oft schon vorbeugend quer: Entweder wir suchen uns absichtlich eine Umwelt, in der uns keiner überlegen ist. Dann gibt es von vorneherein keinen Wettbewerb und damit keinen störenden Antrieb.
Oder wir deklarieren den Vorsprung, den die anderen haben, für uneinholbar. Und setzen damit den Wettbewerb außer Kraft.
Es ist unglaublich, wie findig unser internes Sparprogramm ist, wenn es darum geht, seine Macht durchzusetzen.

„Die werden das schon richten"

Ich kann nicht sagen, ob ein Mensch automatisch unglücklich wird, wenn er sich schon mit 30 Jahren in den geistigen Ruhestand verabschiedet. Was ich aber mit Sicherheit sagen kann, ist, dass er von dort aus nichts gestaltet. Schließlich muss er sich in diesem Sparzustand ganz automatisch jeder echten Diskussion entziehen: Zu einer Auseinandersetzung gehört Widerspruch. Doch Widerspruch ist mühsam. Und Mühe mag der Sparmodus gar nicht.
Folgerichtig verzichten die geistigen Ruheständler auf Diskussionen zu allen strittigen Themen. Wann immer Widerspruch zu erwarten ist, verzichten sie lieber darauf, einen klaren Standpunkt zu äußern. Stattdessen lehnen sie sich in ihrem Sessel oder ihrem Stuhl im Meetingraum zurück, klinken sich aus dem Gespräch aus und lassen die anderen denken, was sie wollen. Ihr Motto: „Die werden das schon richten."
Doch wenn es keine Diskussionen mehr gibt, setzen sich die durch, die am lautesten schreien. Das ist umso leichter, je mehr die Mehrheit träge schweigt.

Bananen aus dem Schwarzwald

Wer im Sparmodus ist, gibt sich auch liebend gern mit Simplifizierungen zufrieden. Die Welt ist ungeheuer komplex geworden. Komplexe Fragestellungen erfordern eine hohe Denkleistung, doch die ist mit dem Sparmodus nicht vereinbar. Deshalb kommen Nachrichten, die grob vereinfachen, in der Masse so gut an: Thema Managergehälter? Thema Syrien? Thema Rente? Thema Diesel-Fahrverbot? Thema Arbeitgeber versus Arbeitnehmer?
Wir haben für alles so herrlich einfache Schwarz-Weiß-Antworten. Es gibt einen Bösen, die anderen sind die Guten. Näher hinschauen? Differenzieren? Eigene Meinung bilden? Das verträgt sich so gar nicht mit dem Sparmodus. Und wer sich im Sparmodus durch die Welt denkt, der stört sich auch nicht daran, wenn er haarsträubende Aussagen liest: In meiner regionalen Tageszeitung las ich vor ein paar Tagen einen Artikel über den Direktvertrieb von Bauern in unserer Gegend. Auf dem Bild zum Beitrag war ein Bauer mit einem Obstkorb abgebildet. In diesem lagen unter anderem Bananen. Darunter stand: „Direkt vom Feld vor Ihrer Haustür." Ich gehe mal davon aus, dass jedem Redakteur und auch so ziemlich jedem Leser klar ist, dass im Schwarzwald keine Bananen reifen. Und doch gehen alle ungerührt über eine solche Aussage hinweg. Genauer hinsehen, genauer darüber nachdenken – dazu müssten sie ihren Sparmodus verlassen.
Stattdessen tolerieren sie Unwahrheiten und prägen falsche Meinungen. Bei der Banane ist das noch verhängnisfrei. Doch das gilt auch für die Berichterstattung aus allen anderen Lebensbereichen wie die Lage in Afghanistan oder in der Türkei, deutsche Parteipolitik oder Wirtschaft – und das finde ich erschreckend. Denn es entsteht ein verzerrtes Bild der Realität. Das führt zu falschen Überzeugungen und in der Konsequenz zu falschen Entscheidungen. Die schaffen ihrerseits eine andere Realität, ob sie uns dann gefällt oder nicht …

Der Preis des Sparmodus

So führt der Sparmodus zu der mehr oder weniger bewussten Entscheidung, das Leben nicht aktiv zu gestalten, sondern zu verwalten. Es ist der Rückzug in den Fernsehsessel oder den Bürostuhl. Das Ziel dabei ist klar: Es gilt, sich

möglichst keiner Aufregung, keiner Unsicherheit und keiner Anstrengung auszusetzen.
Der hohe Preis, der dahinter steht, ist den meisten nicht bewusst. Mit der Entscheidung für den Sparmodus fällt die Entscheidung gegen weiteres Lernen und Offenheit für Neues. Denn die erfordern Risiko und Anstrengung – das ist im Sparmodus nicht zu machen.
Doch ohne Lernen gibt es keine Weiterentwicklung, kein persönliches Wachstum und keine Selbstbestimmung. Die anhaltende Kraftlosigkeit im Sparmodus führt zur geistigen Lähmung, zum Stillstand und in letzter Konsequenz zur Fremdbestimmung. Und das auf breiter Front.
Doch es kommt noch schlimmer, denn es gibt noch eine weitere Urzeit-Komponente, die die Kraftlosigkeit nährt …

2 DIE ANGST

Wiener Schnitzel

Es gibt zwei Sorten von Angst: Die eine ist die Alarmangst. Das ist die, die Sie schlagartig wach macht, Ihre Muskeln in höchste Bereitschaft versetzt und Ihre Sinne schärft. Diese Sorte stellt sich ein, wenn akuter Überlebenskampf angesagt ist. Diese Angst gibt Ihnen die nötige Energie dafür.
Und dann ist da noch die zweite Art von Angst. Die befällt Sie nicht schlagartig, sondern sie schleicht sich ein. Sie erkennen sie nicht an Herzrasen und schwitzenden Fingern, sondern – wenn überhaupt – am unbestimmten, nagenden Gefühl. Diese Schleichangst gibt Ihnen keine Energie. Im Gegenteil: Sie macht Sie kraft- und saftlos.
Egal welche Sorte von Angst wir haben: Sie hat unser Denken und Handeln voll im Griff – außer wir haben ihr aktiv etwas entgegenzusetzen. Doch Sie können nur bewusst gegen etwas vorgehen, wenn Ihnen auch klar ist, dass Sie überhaupt gefordert sind.
Das ist Teil des Problems: Die Schleichangst ist uns oft genug gar nicht bewusst. Wenn die Alarmangst Sie befällt, dann erkennen Sie diese sofort. Das leise, heimtückische innere Nagen jedoch nicht. An dieses Gefühl haben wir uns schon lange gewöhnt. Als sichtbares Zeichen bleibt nur die Vermeidung:

Wir umgehen möglichst alle Situationen, in denen uns dieses flaue Gefühl im Magen befällt.
Deshalb ist unbewusste Schleichangst die Art von Angst, die uns heute am meisten bedroht. Weil sie uns kraftlos im Kampf gegen den Standard macht. Und die Schleichangst greift immer mehr um sich …

Haben oder nicht haben

Wenn es um das eigene Leben oder das von nahen Familienangehörigen geht, dann bekommen wir Alarmangst. Doch um Leib und Leben müssen wir heute glücklicherweise nur noch selten fürchten. In unseren Teilen der Welt herrscht Frieden und auch die Kriminalitätsrate ist vergleichsweise niedrig.
Geht es um einen weniger existenziellen Verlust, befällt uns auch Angst – doch dann ist es „nur" die Schleichangst. Die aber kommt bei jeder kleinen oder großen Sache, die wir haben.
Mit „haben" meine ich nicht nur Gegenstände, die Sie besitzen. Auch Dinge wie Ansehen, Ansprüche und Macht können Sie haben. Und um ihren Verlust bangen. Wir sprechen von „unserem" Arzt, „unserem" bevorzugten Parkplatz, „unserer" schönen Aussicht. Wir neigen zum Vereinnahmen, selbst wenn wir schon wissen, dass wir es nicht wirklich besitzen können.
Tatsache ist: Wir haben viel. Die allermeisten von uns haben wesentlich mehr, als sie zum Leben brauchen. Das ist schön für uns. Das hat aber auch eine Schattenseite: Wer viel hat, hat auch viel zu verlieren.

Weniger macht Angst

Diese Angst ist nicht wirklich rational, denn der Puffer, bis die Verluste existenziell werden, ist groß. Doch selbst wenn der Berg dessen, was wir haben, noch so groß ist: Mit der Vorstellung, dass er auch nur um ein weniges kleiner werden könnte, beschleicht uns Angst.
Die Schleichangst kommt ganz unabhängig davon, wie viel nach dem Verlust noch übrig ist. Allein die Tatsache, dass es weniger ist als vorher, ist eine schmerzhafte Angelegenheit. So haben sich kürzlich zwei Frauen, die im Fitnessstudio neben mir trainiert haben, gegenseitig ihr Leid geklagt: Ihre

Ehemänner, die bei Daimler beschäftigt sind, hätten dieses Jahr etwas weniger freiwillige Tantiemen als sonst ausgezahlt bekommen. Während sich bei den Porsche-Angestellten nichts verändert hätte. Die Damen waren empört.
Mit jeder Veränderung des Status quo kann sich die Höhe des Berges verändern: Vielleicht wird sie wachsen, vielleicht aber wird sie auch schrumpfen. Es gibt keine Garantie.
Und so wird aus der Schleichangst vor Verlust die Schleichangst vor Veränderung.

Mit Sicherheit

In der Konsequenz will der Ängstliche jede Veränderung verhindern. Mit aller Macht.
Deshalb wählt er den sichersten Weg: Er tut das, was er immer getan hat, und möglichst immer auf dieselbe bewährte Weise. „Da weiß man, was man hat." Den Ablauf und die Auswirkungen glaubt er zu kennen. Die Gefahr der Veränderung ist damit so weit wie möglich gebannt. Glaubt er zumindest.
Was er dabei ausblendet, ist, dass die Ergebnisse morgen ganz anders sein können, weil die Welt sich inzwischen weitergedreht hat. Nur weil er nichts verändert, heißt das nicht, dass sich nichts ändert. Nur weil Nokia nach bewährtem Muster seine Handys weiter und weiter optimiert hat, hat sich ihre Lage dennoch verändert.
Aus dem gleichen Grund droht demjenigen, der konsequent auf Veränderung verzichtet, ein Totalverlust. Doch davon will er nichts wissen.
Da trifft sich übrigens die Angst mit dem Sparmodus: Wenn Sie etwas Neues tun, dann kostet das erst einmal mehr Energie, als wenn Sie das tun, was Sie immer tun.
Das muss nicht immer schlecht sein …

Mit Verstand

Früher bin ich in jedem Urlaub an einen anderen Ort gefahren. Bis ich gemerkt habe: An neuen Orten dauert es zwei oder sogar vier Tage, bis meine Erholung einsetzt. Offensichtlich brauche ich in einer ungewohnten Um-

gebung eine gewissen Zeit, um die unterschwellige Anspannung zu überwinden. Diese Unruhe führe ich auf eine Schleichangst zurück, die mir zuflüstert: „Bist du sicher, dass dir hier im Unbekannten kein Verlust droht?"
Fahre ich an einen Platz, den ich schon kenne, dann setzt meine Erholung bereits beim Planen ein.
Daraufhin habe ich die Konsequenz gezogen. Wenn ich mich in kurzer Zeit erholen möchte, fahre ich an den immer gleichen Ort in das immer gleiche Hotel. Ich weiß, was ich in der Vorbereitung tun muss, welches Wetter mich voraussichtlich erwartet, ich kenne die Wege dort, ich weiß, welche Art von Wanderschuhen ich brauche, und so weiter. Ich wiederhole Bewährtes. Setze auf Sicherheit. Diese angstfreie Urlaubsvariante hat schon etwas von Angstvermeidung und Sparmodus – das ist mir bewusst. Ich bringe mich damit um die Erfahrung, andere Orte kennenzulernen. Doch in der Abwägung ist mir oft die schnelle Erholung wichtiger.
Verhängnisvoll finde ich diese Wahl erst dann, wenn Menschen grundsätzlich nur noch auf Bewährtes setzen. Doch genau das beobachte ich oft in der Politik und in den Unternehmen.

Der Geist ist willig

Wenn Kunden mit mir und meinem Team über das Ziel eines neuen Auftrags sprechen, dann verwenden sie ganz häufig Wörter wie „innovativ", „neu" oder „außergewöhnlich". Oft klagen die Geschäftsführer darüber, dass ihre Unternehmen in diesen schwierigen Zeiten zu starr, zu wenig flexibel und zu wenig zukunftsorientiert sind. Sie sehnen sich nach neuen Herangehensweisen und modernen Methoden. Und sie erwarten gerade deshalb auch von uns zündende Ideen.
Diese Sehnsucht währt jedoch nur so lange, bis es von der Theorie in die Praxis geht. Dann kommt die Angst vor der eigenen Courage. Vor der Veränderung. Dann entdecken die Verantwortlichen plötzlich, dass sie doch gerade nicht über ausreichend Ressourcen für diese neue Lösung verfügen. Oder dass im Tagesgeschäft die Zeit dafür fehlt. Oder ein anderer rationaler Grund dient als willkommene Erklärung.
Mir scheint, je unbewusster die Schleichangst ist, umso mehr sind die Betroffenen bemüht, eine nüchterne Erklärung für ihren Rückzieher zu finden.

Gleichzeitig sind diese Erklärungen durchdrungen von Glaubenssätzen wie: „Das Neue funktioniert ja sowieso erst mal nicht“ oder „Das wird zu teuer“ oder auch „Das haben wir doch noch nie so gemacht“ oder „In unserer Branche entscheiden die Kunden ausschließlich nach sachlichen Gesichtspunkten“.
Wenn ich das höre, dann weiß ich: Die Schleichangst hat wieder gewonnen. Es ist, wie Luther sagt: „Der Geist ist willig, aber das Fleisch ist schwach.“

Festhalten

Gerade das „Das haben wir doch noch nie so gemacht“ zeigt, wohin die Angst vor Veränderung führt: zum Festklammern an der Vergangenheit.
Das ist die scheinbar sicherste Variante, denn bei dem, was in der Vergangenheit passiert ist, können Sie wissen, was war und welche Folgen das hatte. Selbst wenn Sie mit diesen Folgen nicht ganz zufrieden waren, können Sie im Nachhinein mit Sicherheit sagen, dass Sie damit zurechtgekommen sind. Doch schon in der Gegenwart wächst die Unsicherheit. Und wenn Sie noch so starr nach bewährtem Muster handeln: Sie können nie 100-prozentig sicher sein, ob das Ergebnis immer noch das Gleiche sein wird. Weil die Welt im Fluss ist.
Und je weiter Ihre Entscheidungen von heute in die Zukunft reichen, desto weniger voraussagbar wird der Ausgang. Das heißt, die Zukunft ist die Phase, die die meiste Unsicherheit mit sich bringt und deshalb die meiste Angst macht.

Angstfrei starten

Ein paar ganz schlaue Unternehmensberater empfehlen ihren Kunden deshalb, sich in diesen schwierigen Zeiten eine Start-up-Mentalität zuzulegen. Diese jungen Helden zeigten schließlich keine Angst und seien damit vorbildlich für die Aufstellung einer Organisation.
Dieser Rat ist völliger Quatsch: Die Angst, etwas zu verlieren, bedroht nur den, der schon etwas hat. Wer noch nichts zu verlieren hat, hat nur etwas zu gewinnen. Das ist eine ganz andere Ausgangsposition.

Einem Start-up-Chef mit einer Handvoll junger, flexibler, ungebundener Mitstreiter fallen Veränderungen deshalb wesentlich leichter als dem Geschäftsführer eines Traditionsunternehmens mit über 200 langjährigen Mitarbeitern.
Neben der Summe der Dinge, die Sie verlieren könnten, gibt es übrigens einen Faktor, der die Schleichangst noch mächtiger macht und die Kraftlosigkeit noch verstärkt.

Der Druck und das Wiener Schnitzel

Beobachten Sie mal in einem Restaurant, wie die Leute bestellen: Die mit dem meisten Hunger bestellen garantiert das, was sie immer bestellen. Die studieren nicht lange die Speisekarte. Die halten sich auch nicht mit Experimenten auf, wie einem veganen Braten oder auch nur einem Vitello tonnato. Bei denen geht es so: Karte auf, der Finger findet das Wiener Schnitzel schon fast von allein, Nicken, Karte zu, Hand nach der Kellnerin heben. Hunger macht Zeitdruck.
Zeit ist bei Neuem tatsächlich ein kritischer Faktor: Schon die Entscheidung für etwas Neues braucht Zeit. Da überlegen Sie hin und her, ob dieses unbekannte Gericht nun wirklich das Richtige ist und welche Beilage dazu passt. Sie sind auch unsicher, ob die Küche für dieses neue Gericht länger braucht. Wie lange es dauert, bis das Wiener Schnitzel kommt, wissen Sie schon aus Erfahrung. Der vegane Braten dagegen ist ein zeitliches Wagnis.
Mit dem Experiment im Lokal handeln Sie sich also zusätzlich zu dem Risiko, ob Ihnen das neue Gericht schmeckt, ein Zeitrisiko ein.
Solange Ihr Hunger sich noch in Grenzen hält, macht Ihnen diese Unsicherheit keine Angst. Wenn Sie dagegen Hunger haben, wächst zwar nicht das Risiko, aber Ihre Angst. Und Sie müssen nicht erst kurz vor dem Verhungern stehen, um am liebsten auf jedes Zeitrisiko zu verzichten.
Das heißt, Ihr Angstlevel ist dann am niedrigsten und damit Ihre Experimentierfreudigkeit und Veränderungsbereitschaft am höchsten, wenn Sie noch keinen Hunger haben.
Jetzt ist an Wiener Schnitzel noch keiner gestorben. Aber an mangelnder Veränderungsbereitschaft schon. Die hat schon für jede Menge Tiergattungen, Vereine, Unternehmen und für ganze Völker das Ende bedeutet.

Klarsichtprobleme

Firmen im weltweiten Wettstreit sind dringend auf Veränderungen angewiesen. Ihre grundsätzliche Angst vor Veränderungen jedoch führt dazu, dass sie in wirtschaftlich guten Zeiten, in denen sie kaum Druck haben, bevorzugt beim Bewährten bleiben. Dann wächst allerdings der Druck aus dem Markt und vergrößert die Sorge.

In diesem Übermaß an Angst starren die Unternehmensverantwortlichen auf die Innovation wie ein Kaninchen auf die Schlange. Sie schieben die Entscheidung für echte Veränderungen immer weiter auf. Sie wirken wie mutlos und gehemmt.

Dabei ist es kein Wunder, dass ihnen die Entscheidung schwerfällt: Die Angst nimmt ihnen die klare Sicht auf das Problem. Sie wagen es gar nicht mehr, es direkt und aus verschiedenen Perspektiven anzusehen. Und wer das neue Problem nicht klar erkannt hat, kann auch keine neue Lösung dafür finden.

Ich halte deshalb die unerkannte Schleichangst vor Neuem für eine Hauptursache der um sich greifenden Kraftlosigkeit. Sie lähmt, macht übervorsichtig und trübt den Blick. Sie setzt keine Energie frei, sondern nimmt Entschlusskraft und Mut.

So geht die Schleichangst eine unheilvolle Allianz mit dem Sparmodus ein: Die Erstere verhindert die Entscheidung für Neues, die Zweite freut sich darüber, dass keine Energie für etwas Neues aufgebracht werden muss.

Schon diese beiden Phänomene zusammen treiben uns mit Macht in die Fänge des Standards. Doch es kommen noch weitere Helfer hinzu …

3

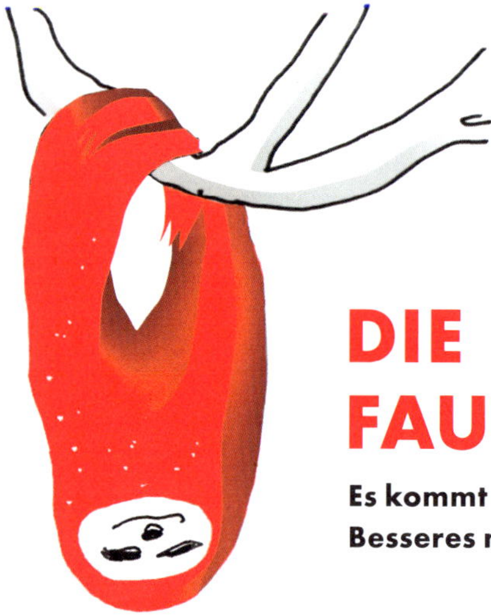

DIE FAULHEIT

Es kommt nichts Besseres nach

Die Faulheit, die ich hier meine, ist im Kern nichts anderes als Selbstbegrenzung. Es ist das Aufgeben, bevor Sie nur einen Versuch gemacht haben, es zu schaffen. Es ist die Lethargie, die Sie hindert auszuprobieren, ob Sie etwas können oder nicht. Es ist das Ende jeder Gestaltungskraft, noch bevor sie begonnen hat.

Für diese Faulheit ist der Standard der perfekte Andockpunkt: Im Standard gibt es nichts auszuprobieren, denn Sie tun, was so viele andere vor Ihnen getan haben. Im Standard geht diese Kraftlosigkeit zur vollsten Zufriedenheit auf.

Doch woher kommt dieses faule Kleben am eigenen Standardsessel, in dem Sie sich so herrlich einlullen können?

Warum früher alles besser war

Unser Gehirn filtert unsere Erinnerung an die Vergangenheit. Im Nachhinein blendet es die schlechten Erfahrungen aus und hebt die guten hervor. Da bleibt Ihnen vom letzten Urlaub das Blau des Meeres, die Sanftheit der Brise und das gute Essen im Gedächtnis. Die vielen Quallen, den überfüllten

Strand oder den unfreundlichen Kellner haben Sie dagegen schnell vergessen. Und bald sehnen Sie sich zurück an den Ort, den Sie vor kaum vier Wochen schimpfend verlassen haben.
Der Grund für diese unbewusste Geschichtsklitterung ist, dass abgeschlossene Vorgänge in der Vergangenheit Ihnen Sicherheit geben. Sie haben die Situation gut bewältigt. Sie machen einen Haken dahinter und stecken sie hinein in die „Geschafft"-Schublade. Zurück bleibt das gute Gefühl von Klarheit und Sicherheit.

Warum heute mehr denn je

Ich glaube, dass es diesen Effekt schon immer gegeben hat. Die Menschen lieben dieses Gefühl der Sicherheit, das sie aus der Vergangenheit mitnehmen können. Es nährt ihren Stolz, dass sie so vieles bereits geschafft haben. Das gibt ihnen mehr Selbstsicherheit und Mut, Neues anzupacken.
Das Phänomen wirkt heute nur stärker. Das liegt daran, dass unsere Gegenwart komplexer ist denn je. Das Tempo, mit dem Veränderungen vor sich gehen, ist höher, die Umwälzungen sind tiefgreifender. Da beschleicht viele das Gefühl, dass sie den Überblick verlieren. Sie sind verunsichert, sie fühlen sich überfordert.
Da ist es umso verführerischer, sich an dem festzuhalten, was sicher scheint: an dem, was in der Vergangenheit passiert ist. Schließlich sind sie nachweislich mit den früheren Situationen zurechtgekommen. Ob sie in der jeweiligen Lage auch ein Gefühl der Unsicherheit geplagt hat oder nicht, zählt nicht mehr. Was in ihrer Erinnerung übrig bleibt, ist, dass sie alle Angelegenheiten gemeistert haben.
Deshalb entsteht der verklärte Blick und die Überzeugung, dass früher alles gut, schön und leicht war. Der nächste Schritt ist dann logisch …

Eine Frage des Vergleichs

Der Vergleich mit früher ist von Haus aus untauglich, um die Gegenwart gut zu gestalten. Wenn Sie eine neue Freundin haben und diese ständig mit Ihrer vorherigen Partnerin vergleichen, kann das nur schiefgehen. Dann bewahrheitet sich Omas Spruch von selbst: „Es kommt nichts Besseres nach.“

Denn das ist eine sich selbst erfüllende Prophezeiung: Wenn Ihre Wahrnehmung ist, dass das Beste schon gelaufen ist, dann kann das, was kommt, nicht mehr besser sein. Ihr Blick geht wie gebannt nach hinten anstatt nach vorn.

Genau so ist das, wenn Sie die heutige Situation neben die rosarot gefärbte Wahrnehmung des Gestern setzen: Die Gegenwart kann gar nicht mehr so gut werden, wie die Vergangenheit war – ganz egal, was Sie tun. So wird aus dem „Früher war alles besser“ die Garantie für Ihre persönliche Gestaltungswüste.

Denn wer gestalten will, muss nach vorne schauen. Das ist wie im Fußball: Wenn die Stürmer in der Verteidigung beschäftigt sind, dann können sie vorne keine Tore schießen. Wenn wir die Vergangenheit verklären und die Gegenwart in dunklen Farben sehen, dann bleibt unser Blick automatisch hinten im Hellen hängen.

Noch dazu sorgen wir selbst dafür, dass die Farben des Jetzt von Tag zu Tag noch düsterer werden …

Heute so schlecht wie nie

Der Mensch ist darauf getrimmt, den negativen Wahrnehmungen in der Gegenwart mehr Aufmerksamkeit zu widmen als den positiven. Das hat auch einen guten Grund:

Stellen Sie sich vor, Sie schwimmen in einem warmen Meer an der Küste entlang. Ab und zu schwimmt gemächlich eine Schildkröte an Ihnen vorbei. Es ist alles wunderschön. Doch dann taucht ebenso gemächlich eine Haifischflosse auf und hält auf Sie zu. Auf welche Wahrnehmung richten Sie automatisch Ihren Fokus?

Gefahren frühzeitig wahrzunehmen und darauf zu reagieren, gehört zu unserem Überlebensprogramm. Doch unser Programm ist nicht dafür ausgelegt, dass wir inzwischen von vielen, vielen Gefahren Kenntnis bekommen können, die uns nicht persönlich betreffen. Wir werden nach wie vor magisch angezogen von jeder Art von Horrormeldung und Berichterstattung über negative Entwicklungen.

Die Medienwelt registriert das in harten Zahlen: Einschaltquoten und Klickzahlen gehen dann hoch, wenn es etwas Schlechtes zu berichten gibt. Die gute Meldung des Tages erzeugt dagegen verlässlich ein Aufmerksamkeitstief beim Zuschauer.

Aufregung statt Erholung

Also versorgen uns die Medienmacher mit dem, wonach wir verlangen: mit Aufregern, üblen Nachrichten und schlechten Aussichten. Wir interessieren uns vorrangig für ungute Neuigkeiten, also bekommen wir sie auch. Sobald wir die Zeitung aufschlagen, den Radio oder Fernseher anschalten oder die News-App befragen: Wir lesen nur von Unglücken, Dramen und negativen Trends.

Bei Talkshows ist es das Gleiche: Solange ich mir noch solche im deutschen Fernsehen angeschaut habe, habe ich nie auch nur eine gesehen, die sich mit positiven Entwicklungen oder guten Aussichten befasst hat. So etwas kommt, wenn überhaupt, nur am Rande vor.

Ich frage mich oft, warum wir ausgerechnet unsere Erholungsphasen dafür nutzen, uns mit Problemen anderer Leute zu beschäftigen. Denn so ist es kein Wunder, dass sich unser Eindruck immer mehr verstärkt, dass uns diese Gegenwart nichts Gutes mehr zu bieten hat. Und dass es gar keinen Sinn macht, auch nur zu versuchen, etwas zum Positiven hin zu gestalten.

Der Nährboden der Faulheit

Sich gegen diesen Eindruck zu wehren, sich keine Selbstbeschränkung aufzuerlegen und die Chancen der Gegenwart zu sehen, dazu braucht es Selbstvertrauen. Es ist auch kein Zufall, dass ich die Gestaltungsfaulheit vorrangig bei Leuten beobachte, die ein geringes Selbstwertgefühl haben.

Nun fällt Selbstbewusstsein nicht vom Himmel, sondern wird von klein auf gebildet – oder auch nicht. Wenn Ihnen schon als Kind gepredigt wird, dass Sie sich besser nicht an die Decke strecken, weil Sie es eh nicht können, dann wächst nur schwerlich Selbstvertrauen. Oder wenn Sie als Kind hören, dass Ihre Eltern bedauert werden, weil sie „nur“ ein Mädchen bekommen haben.

Wenn Ihre Umwelt darauf aus ist, Sie kleinzureden, dann sind Ihre persönlichen Wachstumsbedingungen zunächst ungünstig.
Ich entwickelte sehr früh konkrete Vorstellungen von meinem Leben: Mit sieben Jahren beschloss ich, mir eines Tages einen Porsche zu kaufen. Mit elf Jahren war ich sicher, dass ich Designer werde. Und mit 22 war mir klar, dass ich mich selbstständig machen werde. Alle diese Entscheidungen habe ich auch meinen Eltern, Verwandten und Freunden im schwäbischen Dorf erzählt. Nur wenige davon haben mich ermutigt, diese Ideen umzusetzen?
Stattdessen kamen Bemerkungen wie:
„Was sollen denn die Leute denken?“
„Lass es. Das schaffst du eh nicht.“
„Schaff was Rechts. Nur wer hart schafft, bringt's zu was.“
„Was bildest du dir überhaupt ein!“
„Das haben schon ganz andere probiert.“
Hätte ich dagegen Ideen geäußert, die dem dörflichen Standard entsprochen hätten, wie „Ich werde Lehrer“ oder „Ich werde mir ein Häusle bauen“, dann wären die Reaktionen sicher freundlicher ausgefallen. Das hätte der Faulheit, sich nicht aus dem Mittelmaß herauszubegeben, Auftrieb verschafft.
Und alle wären zufrieden gewesen, dass ich nicht anders werden wollte als sie.

Faulheit als Schicksal

Ich wollte mich nicht in diese Faulheit zwingen lassen, auch wenn mein Umfeld alles versucht hat, um mich auf dem Standardteppich zu halten. Doch ich dachte unbeirrt: „Bei mir ist das anders.“
Es ist also durchaus möglich, sich diesen Klauen zu entziehen. Voraussetzung ist, dass Sie den inneren Antrieb dazu haben.
Denn die eigene Erziehung oder das ungünstige Umfeld werden zwar gern bis ins hohe Alter als Ausrede verwendet, um die eigene Faulheit zu rechtfertigen. Tatsächlich tragen Sie als Erwachsener selbst die Verantwortung dafür, wie Sie mit diesem Erbe umgehen.
Als ich etwa 30 Jahre alt war, haben mich meine Eltern gefragt, wie ich mit ihrer Erziehung zurechtgekommen bin. Und ich habe geantwortet: „Für meine Erziehung bin ich inzwischen selbst verantwortlich.“

Das heißt, jeder kann sich auf seiner Herkunft ausruhen, er muss es aber nicht. Wer aber seiner Faulheit treu bleibt, der wird sich allerdings nicht aus dem Standard lösen.

Im Gegenteil: Er ist zutiefst überzeugt, dass ihm aus sich heraus keine Gestaltung gelingen kann. Folgerichtig orientiert er sich bei seiner Lebensführung am Außen, an den anderen …

4

DER SOG

Wie die anderen!

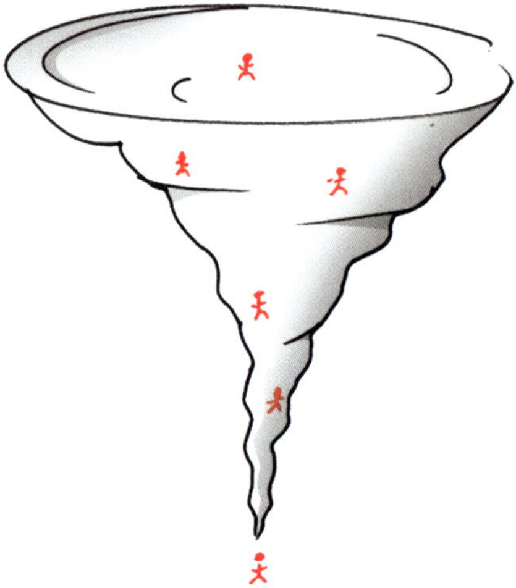

Die Gestaltungsverweigerung, die vom Sparmodus, der Angst und der Faulheit stammt, wird unterstützt von einer sehr menschlichen Tendenz: Wir wünschen uns, dass die anderen so sind wie wir. Das macht uns das Leben leichter, weil wir uns Auseinandersetzungen sparen – darüber habe ich schon in Kapitel 1 geschrieben.
Das führt dazu, dass wir unsere Mitmenschen belohnen, wenn sie das tun, was unser Standard vorsieht. Wenn einer aus der Reihe tanzt, dann treiben wir ihn schnell zurück.

Ab in die Herde

In der Bibel steht das Gleichnis vom verlorenen Schaf: Von den 100 Tieren eines Schäfers war eines vom rechten Standard abgekommen. Es hatte sich seinen eigenen Weg gesucht. In der Lesart des Hüters hatte es sich verirrt und war in Gefahr. Also machte er sich auf die Suche. Es war ihm so wichtig, dieses eine abtrünnige Schaf wieder einzufangen, dass er die gesamte restliche Herde allein zurückließ. Er ging also ein hohes Risiko ein, um den Ausreißversuch zu beenden.

Und seine Freude war groß, als es ihm geglückt war: Er feierte ein großes Fest.

Das biblische Gleichnis ist schon in Ordnung. Nur die gängige Auslegung finde ich bedenklich. Die lautet: Nur, wenn du brav bei den anderen und unter Aufsicht bleibst, bist du sicher. Allein kannst du nicht auf dich aufpassen. Was für ein Blödsinn: Erwachsene können auf sich selbst aufpassen. Es liegt in ihrer eigenen Verantwortung, wenn sie sich von der Sicherheit der Herde absetzen – eine Verantwortung, mit der sie sorgsam umgehen sollten. Denn sie begeben sich wie das Schaf auf unbekanntes Terrain. Nur um des Ausreißens willen macht diese Erkundung keinen Sinn, in Abwägung der Gefahren und mit einem guten Grund schon.

Kleine Kinder dagegen können diese Abwägung noch nicht leisten. Sie brauchen Schutz. An diesem Punkt habe ich die positiven Seiten des Herdenimpulses von Gemeinschaften kennengelernt ...

Gerechtfertigt oder übertrieben?

Ich habe vier Kinder und war einige Zeit alleinerziehend. Ich habe ihnen viel Freiheit gelassen, teils aus Überzeugung, teils aus Notwendigkeit. Wir wohnen in einem kleinen Dorf, jeder kennt jeden und auch seine Geschichte. Ich war beeindruckt, wie die Dorfgemeinschaft auf meine Kinder geachtet hat. Die Schwimmmeisterin aus dem Freibad hat mir die Seepferdchen-Prüfung für den Jüngsten angetragen. Die Lehrerin hat von sich aus Nachhilfeunterricht angeboten. Alle hatten ein Auge auf meine Kinder, was mich sehr entlastet hat.

Doch Schutz macht nur Sinn, wenn die Gefahr tatsächlich vorhanden ist. Damals habe ich einen Fehler gemacht: Meine Kinder gingen offen und unbefangen auf fremde Menschen zu. Aus einer diffusen Angst heraus bremste ich sie zunächst darin.

Doch mir wurde schnell klar, dass ihre Kontaktfreudigkeit etwas Positives und dass das Risiko bei uns auf dem Dorf verschwindend gering war. Meine Sorge war weder für mich noch für die Kinder konstruktiv – wie das bei den meisten Sorgen so ist. Ich habe ab diesem Zeitpunkt beschlossen, sie weiterhin aufmerksam zu beobachten, sie darüber hinaus jedoch ihren eigenen Weg gehen zu lassen.

Gefährliche Wege

Theoretisch sollten beim Übergang ins Erwachsenenalter Menschen fähig sein, den geschützten Bereich des Standards zu verlassen und auf sich selbst zu achten. Leider haben die meisten bis dahin schon tief verinnerlicht, dass das eine gefährliche Sache ist. Sie haben es auf vielen Ebenen fest verankert. Nicht zuletzt über die Erziehung zum ängstlichen und angepassten Verhalten. „Um Himmels willen: Was kann da alles passieren!“ und „Um Himmels willen: Was denken da die Leute?“ sind die ersten reflexhaften Gedanken beim Anblick von Veränderungen und von Neuem.
Es gibt unzählige Geschichten, die keine andere Moral haben, als diese: Suche nicht deinen eigenen Weg ins Glück, denn das geht schief. Das Märchen vom Hans im Glück ist ein passendes Beispiel: Er ist in die Welt hinaus gegangen, hat da draußen auch wirklich Gold verdient – doch mit was kommt er heim? Mit zwei Mühlsteinen. Es wird völlig klar: Ausziehen, um seine eigenen Erfahrungen zu sammeln, lohnt sich nicht.
Diese Geschichten werden mit Freuden den Kindern weitererzählt. Sie nehmen ungefiltert auf, was die Erwachsenen sagen. Die Wirkung ist fatal.
Doch es gibt durchaus subversive Gegenbeispiele, etwa in der Bibel …

Wer zurückbleibt …

Die Geschichte vom verlorenen Sohn lese ich als Ermutigung, den eigenen Weg zu suchen, auch wenn der junge Mann völlig mittellos nach Hause zurückkehrt. Der Vater reagiert hervorragend: Weder macht er ihm Vorwürfe noch lässt er ihn wissen, dass es von vornherein klar war, dass er scheitern wird. Nein, er schließt ihn in seine Arme und veranstaltet ein Fest, als wenn ein erfolgreicher Held heimgekommen sei.
Er freut sich, dass der jüngere Sohn es gewagt hat, seinen eigenen Weg zu gehen. Und alle freuen sich mit ihm. So ist die Geschichte eine Ermu-

tigung, eigene Erfahrungen zu machen. Doch sie hat noch einen zweiten Aspekt, denn einer freut sich nicht.
Der ältere Sohn, der brav zu Haus geblieben war und den Schritt in die Ferne nicht gewagt hat. Er ist neidisch. Dabei nimmt der Jüngere ihm nichts weg, die Situation des Älteren ist nach dessen Rückkehr nicht schlechter als vorher. Im Grunde sind Menschen selten unzufrieden mit dem, was sie haben. Bis sie einen anderen sehen, der vermeintlich mehr hat als sie. Dann regt sich der Neid. Und der Neid ist der Tod jeden Glücks.
Das habe ich erst kürzlich am Beispiel eines mittelständischen Unternehmens aus der Automobilbranche gesehen: Die Mitarbeiter waren zufrieden mit ihrer Situation. Bis ein Mitglied des neu gegründeten Betriebsrates das üppige Bonussystem von Porsche publik gemacht hat: Daraufhin hatten alle das Gefühl, dass sie benachteiligt werden. Der Unfriede hat mit einem Schlag Einzug gehalten. Die Unterschiede in Unternehmenssituation, Qualifikationen und Standort zählten in der Diskussion nicht, es entbrannte eine reine Neiddebatte. An so einer Auseinandersetzung ist nichts Konstruktives …

Die Reaktion

Dabei ist Neid eine Entscheidung. Denn wenn Sie sehen, dass einer mehr hat als Sie oder etwas geschaffen hat, was Sie großartig finden, sehe ich zwei Möglichkeiten, darüber nachzudenken.
Sie können dem Neid das Feld überlassen und sich vom Leben ungerecht behandelt fühlen. Dann sind Sie das Opfer. Und Opfer klagen über die vermeintlichen Täter, die die Schuld für ihre Situation tragen.
In Deutschland ist es gute Sitte, dass wir bei Menschen, die Erfolg haben, automatisch und gezielt nach dem dunklen Fleck auf deren weißer Weste suchen. Wir können uns nicht vorstellen, dass es möglich ist, auf ehrliche Weise und aus eigener Kraft diese Leistung zu erbringen. Denn wir verschließen unseren Blick davor, dass dieser Erfolg einen hohen Preis hat: Er fordert viel Kraft und Bereitschaft zum Verzicht.
Opfer weigern sich lieber, sich selbst zu helfen und fragen als erstes: „Was steht mir zu?“ Die brauchen und fordern den Schutz des Schäfers, des Staates oder des lieben Standards.

Unterschwellig wissen alle diese Opfer, dass sie selbst etwas tun müssten. Doch sie zweifeln an ihrem Mut und scheuen die Anstrengung. Also werden solche Gedanken im Keim erstickt.
Bestenfalls versuchen die Neider ihre Lage zu verbessern, indem sie es ganz genauso machen, wie der, den sie beneiden. Damit sind sie meist in guter Gesellschaft, weil noch viele andere versuchen, diesen einmal gefundenen Weg hinterherzutrampeln. Dabei hat dieser Weg nichts mit ihnen und ihrer Individualität zu tun. Im Gegenteil: Sie geben ihre Selbstbestimmung auf und richten sich nur noch nach dem Beneideten.
Das ist die Methode, der sich Unternehmen nur zu gerne verschreiben. Das mindert das Risiko, denn der Weg ist nicht neu und unbekannt. Er ist schon fast ein bisschen Standard.
Doch indem sie das Risiko scheuen, mindern sie gleichzeitig ihre Gewinnaussichten: Denn beneidenswerte Erfolge gibt es beim Kopieren nicht.

Der Antrieb

Die zweite Möglichkeit, wie Sie mit der Situation umgehen können: Sie widerstehen dem Neidreflex. Stattdessen stellen Sie sich Fragen wie: „Wie hat der das geschafft? Und wie könnte mein Weg aussehen, um mein Ziel zu erreichen?"
Neid ist keine Option, denn er nimmt Ihnen die Energie. In der Zeit, in der Sie sich mit neidischen Gedanken beschäftigen, können Sie nichts Konstruktives denken.
Es gibt für Neid auch keinen Grund: Wer Erfolg hat, nimmt niemand anderem etwas weg. Die Zahl der möglichen Erfolge ist die Zahl der Sterne am Himmel: Sie ist unerschöpflich. Weil jeder auf seine ganz persönliche Art erfolgreich sein kann.
Wenn ich mich mit anderen über deren Erfolg freue, dann erwächst mir daraus selbst Energie. Ich sehe daran, dass ein Mensch scheinbar Unmögliches möglich gemacht hat. Das ist ein Antrieb, aus mir heraus gut zu sein.
Das macht den Unterschied auch bei Unternehmen: Die einen starren neidisch auf die Wettbewerber und ahmen nach, die anderen gestalten aus sich heraus Neues. Diese Haltung wird überall im Unternehmen sichtbar, auch in den Produkten.

Wenn Sie jedoch annehmen, dass Sie keine eigene Gestaltungskraft und keinen Mut haben, dann rutschen Sie fast zwangsläufig in die Neid-Schiene. Wenn als Kind Ihr ausgefallener Berufswunsch belächelt wird und keiner sagt: „Mach das. Ich glaub an dich. Du wirst das schaffen.“, dann sind Ihre Voraussetzungen zunächst ungünstig.
Und wenn Sie sich auch nicht über diese Beeinflussung durch die Hintertür von Märchen und Gleichnissen hinwegsetzen, dann bleibt Ihnen fast nichts anderes übrig, als sich an anderen zu orientieren. Damit kommen wir zum nächsten Baustein im Bollwerk des Standards …

5

DIE AUS-RICHTUNG

Gib mir Erwartungen!

Jeder Mensch sucht nach Orientierung: Was ist richtig, was ist falsch? Was ist schön, was ist hässlich? Was ist gut für mich, was nicht? Hat er genug Selbstvertrauen und Antrieb, entwickelt er diese Orientierung aus sich selbst heraus. In den vorangegangenen vier Kapiteln habe ich aufgezeigt, warum viele Menschen genau diese Voraussetzungen nicht erfüllen: Sie laufen auf Sparmodus, lassen sich von der Angst sowie von Gegenwartspessimismus treiben und von ihrem Umfeld kleinreden.
Eine Orientierung von innen haben sie deshalb nicht. Also richtet sich ihr Blick hoffnungsvoll nach draußen …

„Ich habe heute leider kein Foto für dich"

Der Erfolg von Sendungen wie „Germany's Next Topmodel", „Deutschland sucht den Superstar" oder „The Voice of Germany" beruht auf der Sehnsucht zu erfahren, wer die Erwartungen der anderen am besten erfüllt. Denn um nichts anderes geht es: Eine Jury, das Publikum im Saal oder vor den TV-

Geräten haben eine bestimmte Erwartung und wer von den Kandidaten ihr am nächsten kommt, gewinnt.
Die Einschaltquoten und die immer neuen Varianten dieses Konzepts beweisen: Diese Sehnsucht ist weit verbreitet. Das wundert mich nicht, denn solche Sendungen erfüllen den Wunsch nach Orientierung.
Nach diesen Erwartungen können Sie sich ausrichten. Denn das Versprechen ist: Wenn Sie sie nur gut genug erfüllen, dann werden Sie belohnt. Mit Erfolg, mit Geld, mit Zuneigung, mit Anerkennung.
Sie fühlen sich auch sicher auf diesem Weg: Sie erwerben sich auch sozusagen einen Anspruch auf das Wohlwollen der anderen, denn schließlich verhalten Sie sich entsprechend der Norm, die die anderen aufgestellt haben.
Ob die Norm gut oder schlecht ist, steht nicht zur Debatte. Einzig die Erfüllung entscheidet über Wohl- oder Fehlverhalten, Belohnung oder Nicht-Belohnung.

GNTM ist überall

Wer über diese massentauglichen Sendungen lächelt, dem ist nicht bewusst: Dieses System der Belohnung für Erwartungserfüllung existiert an jeder Ecke.
Wir haben uns vor einiger Zeit im Rahmen eines Auftrags gewundert, warum die Ingenieure der Kundenfirma die eingebrachten Design-Ideen nicht weiterverfolgt haben. Erst als wir deren Bonussystem verstanden hatten, ging uns ein Licht auf: Design-Ergebnisse wurden darin nicht belohnt. Dementsprechend konzentrierten sich die Mitarbeiter auf die Themen, mit denen sie sich eine Extrazahlung verdienen konnten. Die Geschäftsführung hatte eine klare Erwartung formuliert und alle sind ihr gefolgt. Was für den Produkterfolg ausschlaggebend ist – danach hat keiner gefragt.
Selbst in meinem eigenen Unternehmen begegnete mir der Wunsch nach klaren Richtlinien und der Dokumentation ihrer Erfüllung überraschend deutlich. Ich hatte einmal ein Mitarbeiter-Team, das sich mehrheitlich dafür ausgesprochen hat, die Stechuhr einzuführen. Die Zeiterfassung erfolgte also minutengenau und zwar mit Brief und Siegel. Kein Angestellter stand mehr in der persönlichen Verantwortung, seine Arbeitszeit im Blick zu behalten. Die Verantwortung ging durch die Stechuhr an das Unternehmen über. Die

Mitarbeiter damals empfanden das als Entlastung. Und ich war erstaunt, dass kreativ arbeitende Menschen starre Regeln und Kontrollen dem Freiraum vorzogen.
Inzwischen hat sich die Teamzusammensetzung wieder geändert. Ich bin froh, dass diese Einrichtung bei uns schon lange wieder Geschichte ist.

Das Pflock-Prinzip

Wir unterwerfen uns freudig und freiwillig den abstrusesten Regeln. Vor ein paar Jahren war Cholesterin der Teufel schlechthin. Keiner hat sich mehr getraut, Butter zu essen. Margarine wurde als neuer Standard beschworen. Heute kleben wir das Kainsmal auf die Kohlehydrate. Und Sie ernten im Fitnessstudio entsetzte Blicke, wenn Sie sich dazu bekennen, dass Sie gerne Nudeln essen.
Offensichtlich brauchen viele Menschen diese immer neuen Regeln, um das Gefühl zu haben, auf dem richtigen Weg zu sein: bei der Ernährung, beim Lebensstil, beim Aussehen.
Niemand zwingt sie, sich auf eine bestimmte Weise zu verhalten und zum Beispiel keine Nudeln mehr zu essen. Aber sie verhalten sich, als ob es so wäre. Es ist wie bei einem Elefanten, der schon als Kalb daran gewöhnt worden ist, mit einem Seil an einem Pflock angebunden zu sein. Die Kraft des kleinen Elefanten reichte nicht aus, um den Pflock aus dem Boden zu reißen. Der erwachsene Elefant hätte genug Kraft dafür, aber er versucht es nicht mehr. Und selbst wenn ihm jemand den Strick abnimmt: Er bleibt in der Nähe seines Pflocks.
Solche Elefanten am Pflock begegnen mir ständig: So war ein Bekannter von mir als Ingenieur in der Telekommunikationsbranche beschäftigt. Mehr als zehn Jahre war er dort angestellt. Fast wöchentlich rief er mich an, um über seinen Job zu jammern. Ich empfahl ihm, zu wechseln, doch er blieb. Und blieb und blieb bei seinem Pflock. Bis der Pflock pleitegegangen ist. Heute arbeitet er als Bademeister, weil er seinen Traum aufgegeben hat und sich nicht mehr in der Lage sieht, etwas zu verändern.
Das Pflock-Prinzip funktioniert schleichend. Ich stelle es auch an mir selbst immer wieder fest: In den 80er-Jahren haben wir in Ulm gewohnt. Dort war die strikte Mülltrennung Pflicht: Restmüll, Glas, Papier, Blech, organischer

Abfall. Die Regelung im Einzelnen war so komplex, dass wie bei jedem Gang zum Mülleimer überlegen mussten. Nach unserem Umzug in ein Dorf bei Tübingen, in dem ich heute noch wohne, war alles anders: Das Trennsystem war auf das Nötigste reduziert. Und doch habe ich mich noch lange dabei ertappt, dass ich vor der Tonne stand und angefangen habe zu überlegen. Der Pflock war weg, doch ich war in der Gewohnheit gefesselt.
Wenn wir uns einmal an etwas gewöhnt haben, lassen wir das so schnell nicht los. Dazu habe ich in einer Studie gelesen, dass es diesen Effekt auch in unserem Körper gibt: Wenn Sie nur lange genug mit aller Kraft einen Gegenstand umklammert halten, dann ist Ihre Hand wie gelähmt. Es fällt Ihnen schwer, diesen Griff zu lösen.
Und gerade an die staatliche Form der Regulierung klammern wir uns bereits Jahrzehnte …

Die Lücke

Gesetze, Verordnungen, Dienstanweisungen, Verwaltungsbescheide: Wenn es darum geht, auch noch die harmlosesten Bereiche des Lebens zu regulieren, ist Deutschland Spitzenreiter: Auf dem Balkon grillen? Verboten! Mittags Rasen mähen – und sei es mit dem geräuschlosen E-Rasenmäher? Verboten! Den verstorbenen Lieblingshamster im Garten beisetzen? Den Rasen betreten? Von der Seite ins Becken springen? Fahrrad abstellen? Alles verboten.
Staat und Gesellschaft geben ein dichtes Regelwerk vor, wie sich jeder Einzelne verhalten soll. Damit kann, wer will, das eigene Nachdenken reduzieren oder sogar ganz einstellen: Wenn es für alles und jedes eine Regel gibt, wird die eigene Entscheidung in der Situation überflüssig. Es gibt eine Vorgabe und basta.
Wir lieben das.
Entsprechend groß ist die Aufregung, wenn eine sogenannte Gesetzeslücke bekannt wird.
Schon in der Formulierung wird klar: Eine Lücke ist kein Freiraum, sondern ein Versäumnis. Und genauso agiert die Rechtsprechung: Ganz bewusst diesen Freiraum zu nutzen, ist nicht erlaubt. Eine Lücke ist etwas, was nicht geduldet werden darf, sondern beseitigt werden muss. Prompt stellen sich

Politiker dem Kampf gegen dieses Schlupfloch der Ungerechtigkeit und stopfen es. Sie werden als Retter bejubelt, denn sie bringen die totale Gerechtigkeit. Vorerst zumindest. Denn schon bald tut sich die nächste vermeintliche Gerechtigkeitslücke auf …

Über die Vergeblichkeit, über Regeln und Gesetze Gerechtigkeit schaffen zu wollen, haben wir schon gesprochen. Oder was sagen Sie zu folgender Situation? Zwei Autofahrer fahren durch eine Tempo-30-Zone, in der sich eine Schule befindet. Der eine fährt durchgehend 40 km/h. Der andere biegt mit 100 Sachen in die Straße ein. Doch er weiß, wo der Blitzer steht, bremst kurz davor scharf ab und steigt erst danach wieder aufs Gas. Geblitzt wird also nur der, der sich deutlich weniger gefährlich verhält.

Der Nutzen

Wo Menschen zusammen leben und arbeiten wollen, braucht es einige Übereinkünfte. Das entspricht meiner Lebenserfahrung. Regeln standardisieren Vorgänge und reduzieren Komplexität.

Und sie machen genau so lange Sinn, wie sie diesen Nutzen bringen.

Wenn Sie bei einem Fußballspiel mitmachen wollen, dann haben Sie sich an die Regeln zu halten. Oder Sie spielen nicht mit. Weil das Zusammenspiel ohne diese Regeln keinen Sinn macht.

Wenn wir von DesignTech mit neuen Kunden ins Geschäft kommen, einigen wir uns auch auf Regeln wie zum Beispiel einen Zeitplan. Den brauchen beide Seiten für die eigene Organisation.

Wann eine Regel von Nutzen ist und wann nicht, ist abhängig von der Situation. Um den Gestaltungsspielraum auszuloten und die Möglichkeiten zu nutzen, ist es wichtig, bei jeder neuen Lage diese Regeln zu hinterfragen. Doch das tun die wenigsten. Deshalb werden Regeln von Projekt zu Projekt, von Situation zu Situation einfach übertragen. So ist es Standard geworden, bei Meetings ein Protokoll zu erstellen. Das führt minutiös die besprochenen Punkte aus und wird von beiden Seiten abgenickt. Um danach in der Schublade zu verschwinden.

Deshalb haben wir in unseren Teams den Standard abgeschafft: Wir halten nur noch Eckpunkte fest, die Sie in 30 Sekunden überfliegen können. Das hat sich großartig bewährt.

Es gibt allerdings auch Firmen, die die Einhaltung sinnloser Regeln vehement einfordern. Denn auch sie fühlen sich von Verantwortung entlastet, wenn sie sich auf Regeln beziehen können. Das hat einen hohen Preis …

Entlastung und Entmündigung

Wer Regeln fordert, entmündigt nicht nur die anderen, sondern auch sich selbst. Keiner muss mehr selbst darüber nachdenken, ob er eine Handlung gut oder schlecht findet: Es reicht, sie mit den Vorgaben abzugleichen. Entspricht sie den Regeln, ist sie gut – wenn nicht, ist sie schlecht. Der Aufwand für diesen Abgleich ist wesentlich geringer, als wenn Sie sich eine eigene Meinung bilden würden.

Es erfordert eine ganze Menge Mühe, sich zu einem komplexen Thema eine eigene Meinung zu bilden. Deshalb ist es unmöglich, dass das jeder zu jedem Thema schafft. Ich interessiere mich zum Beispiel für Weltpolitik. Gleichzeitig ist mir klar, dass ich mir meine Informationen nur aus der Zeitung und aus Gesprächen holen kann. Damit bilde ich mir eine Meinung, bin mir aber bewusst, dass ich mich auf dünnem Eis bewege.

Interessieren allein genügt nicht, damit ich den Aufwand auf mich nehme, alles zu durchdringen. Bei Themen jedoch, die für mich persönlich wichtig sind, investiere ich gerne viel Zeit, um mich zu informieren und darüber zu reflektieren. Bei der intensiven Auseinandersetzung stelle ich nicht nur meine Meinung auf solide Beine, sondern komme mir selbst auch näher.

Wahrhaft wichtig

Im Kontakt mit mir selbst wächst mein Selbstbewusstsein. Damit bin ich gut gerüstet, um mir zu den wichtigen Themen meine Meinung zu bilden. Ohne Kontakt bleibt dieses Wachstum aus und umso mehr bin ich auf die Regeln angewiesen, die mir sagen, was richtig ist. Die Katze beißt sich in den Schwanz.

Der Schmerz darüber sitzt noch an einer ganz anderen Stelle: Wenn Sie selbst keine Meinung haben und keine Entscheidungen treffen, zerstören Sie Ihr Selbstwertgefühl. Sie nehmen sich nicht wichtig.

Dass wir uns selbst wichtig nehmen, ist in unserer Kultur verpönt. Wenn Sie den Eindruck erwecken, dass Sie stolz auf sich sind, dann geraten Sie schnell in den Ruf, arrogant und selbstverliebt zu sein. Das ist kein Wunder, denn damit scheren Sie aus der gehorsamen Masse der gleichen Schäfchen aus. Deshalb vermeiden wir, stolz auf uns zu sein.
Dabei ist das die beste Terrorbekämpfung, die ich kenne …

Von verhinderten Selbstmordattentätern

Der Grund, warum sich Männer und Frauen selbst in die Luft sprengen, ist einfach: Die Sache ist ihnen wichtiger als das eigene Leben. Ich finde das einen extrem traurigen Gedanken: Wie wenig wichtig muss sich ein Mensch vorkommen, wenn seine eigene Existenz nichts ist im Vergleich zu einer abstrakten Überzeugung.
Und ich bin sicher, dass nicht das Abfangen von WhatsApp-Nachrichten oder der Einsatz von Drohnen die wirkungsvollste Terrorprävention ist. Wenn wir es schaffen, den einzelnen Menschen auch nur ein bisschen mehr Selbstwertgefühl zu erlauben, dann werden sie für solche Missionen nicht mehr zur Verfügung stehen.
Glücklicherweise wird nicht jeder aus einer gefühlten Unwichtigkeit heraus zum Terroristen. Die allermeisten ziehen sich kleinlaut hinter die Mauern des Standards zurück. Die Folgen sind allerdings kaum weniger verheerend, wie das nächste Kapitel zeigt.

6 DIE SCHEU

Vom Charme der Unterlassungssünde

Die Handlung, die am meisten zum Mauerbau des Standards beiträgt, ist keine. Es ist die Nicht-Handlung. Obwohl wir ständig beschäftigt und oft sogar hyperaktiv sind, ist die Unterlassungssünde das Phänomen, das unsere Zeit am nachhaltigsten prägt.

Die Sünde

Eine Alltagsszene aus einem deutschen Unternehmen:
Der Manager gibt dem Ingenieur den Auftrag: „Schauen Sie mal, dass Sie die Kosten um 5% senken."
Vier Wochen später kommt der Ingenieur und sagt: „5 Prozent habe ich nicht geschafft, aber 3,5."
Und der Manager erwidert: „Gut gemacht!"
Der Vorgang hat den Manager insgesamt ungefähr 10 Sekunden gekostet. Sein Aufwand ist also äußerst überschaubar. Das Risiko ist gleich null: Selbst wenn die Optimierung nicht gelingt, dann ist das Bestehende dadurch nicht gefährdet.

Beim Ingenieur hinterlässt der Vorgang das positive Gefühl, dass er die übertragene Aufgabe gut erledigt hat und auch noch gelobt wurde.
Also sind alle glücklich.
Obwohl sie wohlwissend gemeinsam eine folgenreiche Unterlassungssünde begangen haben. Denn darum handelt es sich in der neuen globalisierten Welt von Digitalisierung und Industrie 4.0. Sie haben das Potenzial der Innovation dem kleinen Schritt geopfert. Die Entscheidung für eine eindimensionale Optimierung ist bequem, birgt kein Risiko und erfordert keine Verantwortung. Und auch keine bewusste Entscheidung.
Deshalb ist die Optimierung so beliebt …

Die zwei Pflichten

Es ist die Pflicht eines Managers, das Erfolgspotenzial des Unternehmens zu vergrößern und zu nutzen. Nimmt er diesen Anspruch ernst, ist seine Tätigkeit mit Risiko und Aufwand verbunden.
Denn echtes Erfolgspotenzial liegt in dem, was die Firma noch nicht gemacht hat, und nicht in dem, was sie immer schon macht. Bei allem, was Sie zum ersten Mal machen, gehen Sie ein Risiko ein. Und wenn es noch dazu etwas ist, was noch kein anderer vor Ihnen versucht hat, also eine echte Innovation, sind sowohl Risiko als auch Aufwand noch größer. Ich kann aus eigener Erfahrung sagen: Es erfordert ein hohes persönliches Engagement, um ein innovatives Projekt hervorzubringen.
Manager werden vom Standardsystem jedoch auf ein anderes Prinzip verpflichtet: auf das der Fehlerlosigkeit.
Ich habe noch nie gehört, dass ein Manager oder Mitarbeiter gefeuert worden ist, weil er etwas nicht getan hat. Gefragt wird nur danach, was er getan hat und ob er dabei Fehler gemacht hat. Das liegt auch daran, dass der Misserfolg durch Unterlassung deutlich schwieriger aufzudecken ist, als ein Misserfolg, der aus einer Entscheidung hervorgeht.
Und so haben die Unternehmen ein Belohnungssystem entwickelt, das die Fehlerfreiheit honoriert anstatt das Ergebnis. Mit den entsprechenden Folgen …

Das Täuschungsmanöver

Das oberste Ziel der Manager in solchen Unternehmen ist die Fehlerfreiheit. Gleichzeitig wollen sie Entscheidungsstärke demonstrieren. Das bringt sie in eine Zwickmühle: Echte Entscheidungen können sich als Fehler herausstellen und verstoßen so gegen das oberste Prinzip. Und so greifen sie unbewusst zu Entscheidungsvarianten, die in Wahrheit keine sind, weil ein Misslingen nahezu ausgeschlossen ist. Solche Aktionen sind bei genauem Hinsehen nichts anderes als Täuschungsmanöver.

Die beliebteste unter diesen Tarnentscheidungen ist die Optimierung. Sie ist praktisch risikofrei und zeigt im kleinen Bereich sogar Erfolge.

Damit geben sich alle zufrieden: Die Geschäftsführung, weil die Zahlen von ein bisschen Fortschritt sprechen. Die Manager, weil sie sich nicht der Gefahr von Fehlern ausgesetzt haben. Und die Mitarbeiter, weil im Großen und Ganzen alles so weiterläuft, wie sie es gewohnt sind.

Genügsamkeit gilt als Tugend. Doch im globalen Wettbewerb ist diese Sattheit tödlich. Denn Optimierungen lösen keine Probleme und ersetzen keine Innovationen. Sie sichern nur den Standard und kurzfristig die Existenz. Der Effekt ist der beim Renovieren eines Hauses: Sie erhalten damit den Wert, Sie steigern ihn jedoch nicht.

In diesem Sinne begeht nicht nur die Wirtschaft eine Unterlassungssünde nach der anderen. Auch bei Politikern sind solche Täuschungsmanöver beliebt: Wenn möglich, unterlassen sie klare Entscheidungen. Da ihnen Fehler wesentlich mehr angekreidet werden als Verschleppung, lehnt sich keiner gerne aus dem Fenster. Es ist wesentlich risikoloser, andere entscheiden zu lassen und im Nachhinein zu kritisieren.

Deshalb hat die Opposition es leicht, große Reden zu schwingen, denn sie steht nicht in der Umsetzungsverantwortung. Hier ist Unterlassung Programm. Der Offenbarungseid kommt frühestens mit einem Wahlsieg – die damit verbundene Umsetzungsverantwortung blenden Vollzeitpolitiker meist gekonnt aus.

Erst in der Not

So sind Unterlassungen in unserer Gesellschaft kein Thema. Allerhöchstens im Notfall wird darüber gesprochen und dafür gibt es – selbstverständlich – ein Gesetz. Bei „Unterlassener Hilfeleistung“ in Unglücksfällen oder Gefahr droht bis zu einem Jahr Gefängnis. Dabei fängt die Unterlassung meist schon viel früher an: Wird ein Problem akut, dann ist das fast immer der Beweis für eine Unterlassungssünde.

Wenn Sie als Elternteil den schulischen Leistungen Ihrer Kinder so lange keine Beachtung schenken, bis die Fünfer und Sechser reihenweise purzeln, dann ist die Not groß. Es gibt großen Stress, weil Sie es unterlassen haben, zu Beginn mit kleinen Korrekturen einzugreifen. Je länger Sie warten, desto massiver müssen Sie eingreifen.

Das erfolgt oft, weil mit der Scheu vor Entscheidungen eine weitere einhergeht: die Scheu vor dem Schmerz, der beim Hinsehen entsteht. Unbewusst meiden wir Schmerzen, deshalb ist eine aktive Entscheidung dafür notwendig.

Wenn ein Verkehrspilot von Stuttgart nach Shanghai fliegt, dann befindet sich sein Flugzeug nie exakt auf dem vorher berechneten Kurs. Er korrigiert laufend und passt seine Flugroute den aktuellen Gegebenheiten an. Würde er auf Veränderung verzichten, würde er überall sonst ankommen, nur nicht in Shanghai.

Seine Herausforderung steckt in der kontinuierlichen, achtsamen Wahrnehmung und der laufenden Handlungsbereitschaft in Form von Kurskorrekturen. Er agiert vorbeugend und vorausschauend: Etwas, mit dem wir uns auf breiter Front schwertun …

Das Problem mit den Vor-Problem-Korrekturen

In Deutschland gibt es nur etwa 100 ausgewiesene Präventionsmediziner. Wir könnten sehr viele Erkrankungen verhindern und so einen großen Teil der Krankheitskosten vermeiden, wenn jeder für sich rechtzeitig und proaktiv auf seine Gesundheit achten würde: bei der Ernährung, bei der Bewegung, beim richtigen Maß von Anspannung und Entspannung.

Die Zahlungspolitik der Krankenkassen trägt ihren Teil dazu bei: Die Ausgaben für präventive Maßnahmen betragen einen Bruchteil der Gesamtaufwendungen im Gesundheitswesen. In der Regel zahlen sie erst, wenn das Problem schon da ist. Und kommen möglichst nur für die Beseitigung der Symptome auf. Eine Bekannte erzählte mir neulich, dass sie immer wieder unter Kopfschmerzen leidet. Damit geht sie zum Arzt und dieser verschreibt ihr Massagen, die allerdings nur kurzzeitig die Schmerzen lindern. Kein Wunder: Das reine Beschwerdemanagement hilft nicht, zur eigentlichen Ursache vorzudringen.

Das Gleiche gilt für psychische Probleme: Die Kasse kommt erst für Kosten auf, wenn der Betroffene richtig krank ist und ein massives Einschreiten notwendig wird.

Bis es so weit ist, dass eine Krankheit sich akut und unübersehbar äußert, ist oft schon einiges irreparabel zerstört, geistig wie körperlich. Anstatt die kleinen Kurskorrekturen auf dem Weg nach Shanghai vorzunehmen, reißen wir den Steuerknüppel erst dann herum, wenn der Nordpol in Sicht kommt. Dementsprechend ist unser Gesundheitsbewusstsein sowohl aus persönlicher als auch aus volkswirtschaftlicher Sicht Unsinn. Das Unterlassen in der Frühphase ist eine Unterlassungssünde mit den übelsten Folgen.

Dieser Grundsatz gilt für alle Lebensbereiche: Wenn ich an die wenig vorausschauende Flüchtlingspolitik in den Jahren ab 2015 denke, dann hat auch das viel mehr mit überstürzter Symptom- statt langfristig angelegter Ursachenbekämpfung zu tun.

Neben dem Nimbus der Fehlerfreiheit und der geringen Bereitschaft zur kontinuierlichen Kurskorrektur gibt es noch eine weitere verhängnisvolle Vorstellung, die uns vor Entscheidungen zurückscheuen lässt …

Fakten, Fakten, Fakten

Wir glauben daran, dass wir uns durch Faktenwissen 100-prozentige Sicherheit verschaffen können. Die scheinbar unendliche Verfügbarkeit von Informationen nährt diese Illusion.

Dabei vergessen wir zwei Faktoren: Erstens helfen Informationen alleine nicht weiter. Sie sind erst nach einer sorgfältigen Bewertung wertvolle Entscheidungshilfen.

Zweitens ist durch die Globalisierung nicht nur die Verfügbarkeit der Informationen angewachsen, sondern auch die Komplexität der Situation. Die

macht es unmöglich, den Entscheidungsbaum bis in die letzte Verzweigung zu durchdenken. Also bleibt allein deshalb immer ein Restrisiko.
Doch wir wollen dieses Risiko nicht akzeptieren. Denn Risiko heißt Verantwortung und Fehlerpotenzial.
Deshalb höre ich so oft von den Entscheidungsverweigerern: „Ich kann mich noch nicht entscheiden, ich muss erst alle Fakten kennen." Sie wissen meist selbst, dass der Tag nie kommt, an dem sie alle Fakten gesammelt und auch noch evaluiert haben. Doch es klingt nach einer rationalen Begründung.
Dahinter steht aber die Aussage: „Ich will mich nicht entscheiden. Ich will diese Verantwortung nicht tragen. Kann das bitte jemand anderes für mich übernehmen?"
Noch deutlicher lässt sich die Scheu vor der Entscheidung an einem anderen Merkmal ablesen …

Nehmen oder Lassen

Meine Mutter berichtet mir von Zeit zu Zeit traurig, dass sie immer wieder spät am Abend, wenn sie schon müde und gedanklich bereits auf dem Weg ins Bett ist, Anrufe von lieben Menschen bekommt. Da sie nicht unhöflich sein möchte, hört sie sich geduldig deren Sorgen und Nöte an. Um danach mit diesem seelischen Ballast schlafen zu gehen.
Sie überlässt die Entscheidung über den Anrufzeitpunkt den anderen – obwohl sie damit unglücklich ist. Doch lieber erduldet sie das, denn daraus entsteht keine Verantwortung. Aus der Entscheidung dagegen schon. Sie fühlt sich mit ihren fast 90 Jahren am Abend einfach zu entkräftet, um „Nein" zu sagen.
In ihrem Alter ist das für mich nachvollziehbar, doch sehe ich auch wesentlich jüngere Erwachsene genauso handeln: Sie unterlassen eine Entscheidung, weil sie die Verantwortung nicht annehmen und die Konsequenzen nicht tragen wollen.
Das ist der Unterschied zwischen Unter-Nehmer und Unter-Lasser: Die einen nehmen die Entscheidung an, die anderen unterlassen sie. Mit Unternehmer meine ich nicht nur die, die das im wirtschaftlichen Sinne sind – unter denen gibt es inzwischen zu viele Unterlasser. Ich meine es ganzheitlich: Es

ist jeder, der aktiv Entscheidungen trifft und bereit ist, sich der Verantwortung zu stellen.
Die Bereitschaft alleine genügt allerdings nicht …

Rennfahrer, Stürmer, Kanzlerinnen

Heinz-Harald Frentzen war ungefähr zur gleichen Zeit in der Formel 1 als Fahrer aktiv wie Michael Schumacher. Wenn er kein Problem hatte, fuhr er um die vorderen Plätze mit. Klappte es allerdings nicht wie gewünscht, hatte er keine Idee, was er ändern könnte. Er landete weit abgeschlagen hinten im Feld.
Genau das machte den Unterschied aus zwischen ihm und Michael Schumacher, der stets eine Idee hatte, wo er ansetzen konnte, um wieder vorne dabei zu sein.
So beobachte ich immer wieder die Frentzen-Typen und die Schumacher-Typen: Die Verlierer haben keine Verbesserungsideen, die Sieger schon. Sie setzen sie um und werden Weltmeister.
Ähnliches gilt für den Fußball: Wenn ein Stürmer keine Idee hat, dann rennt er dahin, wo der Ball ist. Deshalb sind die erfolgreichsten Torjäger nicht die Spieler mit der größten Schnelligkeit oder Wendigkeit, sondern die mit den besten Ideen samt dem Selbstvertrauen, sie auch umzusetzen.
Beim Sport ist die Tragweite von solchen Unterlassungen überschaubar, in der Politik dagegen hat das weitreichende Folgen für uns alle. Wo Ideen und Entscheidungsbereitschaft fehlen, da gewinnt nur einer: der Standard.
So tragen gleich sechs verschiedene Phänomene zu der individuellen Kraftlosigkeit bei. Sie wirken zusammen, ergänzen und verstärken sich gegenseitig. Mit einem niederschmetternden Ergebnis …

7 KUMULIERTER ENERGIEVERLUST

Menschen, die sich diesen sechs Prägungen überlassen, verlieren kontinuierlich Energie. Der Abbau ist jedoch nicht Folge eines aktiven Prozesses. Im Gegenteil: Die Kraft geht verloren, wenn sie nicht genutzt wird.

Denn mit der geistigen Kraft ist es wie mit der Muskelkraft: Wird sie nicht trainiert, verkümmert sie. Dies ist ein Gesetz der Natur. So habe ich noch nie einen Baum gesehen, der sich über die Jahre nicht verändert hat. Entweder er wächst oder er ist tot.

Und selbst im Tod entgeht er der Veränderung nicht. Seine Blätter, sein Holz, seine Wurzel werden zersetzt. Einziger Unterschied: Nicht er selbst ändert sich noch, sondern er wird verändert.

Wer lebt und Energie hat, kann selbst verändern. Wer tot ist und keine Energie hat, wird verändert. Nichts bleibt gleich. Wo nicht aktiv aufgebaut wird, wird abgebaut.

Endstation Standard

Ist der Abbau einmal in Gang gekommen, dann funktioniert er wie eine Negativspirale. Je länger und je tiefer Ihr Energieniveau sinkt, desto schwieriger wird die Kehrtwende. Denn ohne Energie bilden Sie sich keine eigene Meinung, Sie treffen keine Entscheidungen, Sie verfolgen Ihre eigenen Themen nicht, Sie verlieren an Selbstbewusstsein.
Sie bewegen sich nur noch dahin, wo Sie nicht auf Widerstand stoßen. Das ist da, wo der Standard ist.
Für den Standard brauchen Sie keine Energie – das ist bequem. In diesem Zustand des Null-Energie-Spiels möchten Sie bleiben. Deshalb gehen Sie am liebsten allem aus dem Weg, was droht Energie zu kosten: Sie gehen den einfachsten Weg und vermeiden Probleme. Falls da welche auf Sie zukommen, schauen Sie solange wie möglich weg. Sie sorgen dafür, dass Sie auf ruhiger See unterwegs sind.
Dabei bringen nur Wellen Energie …

Auf der Welle

Stellen Sie sich vor, Sie sind in einem Boot auf einem großen See unterwegs. Das Wetter ist gut, das Wasser ist ganz ruhig. Ihr Niveau bleibt im Vergleich zum Ufer immer gleich.
Und nun stellen Sie sich den gleichen See bei rauerem Wetter vor. Es haben sich Wellen gebildet, Ihr Boot schaukelt rauf und runter. Sobald Sie sich oben auf einem Wellenkamm befinden, sind Sie auf einem wesentlich höheren Niveau als dem des Ruhepegels zuvor. Erst mit den Wellen kommen Sie auf diese Höhe.
Probleme sind wie Wellen: Sie tragen Sie in Ihrem Energielevel rauf und runter. Wenn Sie sie richtig nutzen und die Probleme aktiv lösen, dann finden Sie sich nach deren Bewältigung auf dem höheren Niveau wieder. Und je größer die Probleme waren, die Sie gemeistert haben, desto intensiver haben Sie Ihre Energie vermehrt.
Deshalb verstehe ich es nicht, wenn die Menschen sich wünschen, keine Probleme zu haben. Wenn sie keine Herausforderungen haben, dann bauen sie ab. Ist das ihr Ziel? Oder starren sie nur in die Wellentäler?

Im Tal

Bei den Wellen gibt es nicht nur den Kamm, sondern auch das Tal: In dem ist alle Bewegungsenergie aufgesogen, Sie sind ganz unten. Wer in diesem Moment den Zweifeln nachgibt und aussteigt, der bleibt auch energetisch unten. Der resigniert und ergibt sich dem Standard.
Dieses Bild hatte ich vor Augen, als mir vor einiger Zeit der geschäftsführende Teilhaber einer Firma erklärte: „In unserer Branche sind die Rabatte so hoch, dass wir nichts mehr verdienen. Wenn drei Projekte nicht so funktionieren, werden wir pleitegehen. Das ist halt so." Energieloser geht es nicht mehr.
Die Kraftlosigkeit ist so groß, dass nicht einmal mehr Ideen entstehen. Ein anderer Unternehmer hat mich kürzlich fast ausgelacht, als ich ihm erzählte, dass wir gerade an einem Fünf-Jahres-Plan arbeiten. Er sagte: „Wir wären froh, wenn wir wüssten, was morgen ist." Wir wissen auch nicht, was die Zukunft bringt, doch das hindert uns nicht daran, uns darüber Gedanken zu machen – wir haben und investieren diese Energie gern, weil wir wissen, dass uns diese Einstellung voranbringt. Wir halten es mit Luther: „Wenn ich wüsste, dass morgen die Welt unterginge, würde ich heute noch ein Apfelbäumchen pflanzen."

Luft holen

Es spricht nichts dagegen, dass Unternehmen sich im tiefsten Tal zunächst darauf konzentrieren, mit dem Standard-Tagesgeschäft Geld zu verdienen. Solange klar ist: Sobald sie etwas Luft geholt haben, geht es aktiv wieder rauf auf den Wellenkamm. Dorthin, wo Energie und Innovationen winken.
Wer weiß, dass die Unternehmen 80 Prozent ihres Umsatzes mit Projekten der letzten drei Jahre machen, dem ist klar: Alles andere ist wirtschaftlicher Wahnsinn.
Dieses Prinzip des Luft-Holens trifft für den Einzelnen ganz genauso zu: Wenn die Energie auf den Nullpunkt gesunken ist, dann ist es in Ordnung, sich für kurze Zeit darauf zu konzentrieren, sich die Wunden zu lecken und sich zu konsolidieren. Solange er dann die Kurve kriegt und sich wieder der Welle stellt.
Ein Bewusstsein über das eigene Vermögen hilft dabei enorm …

Der Zauberer

Ich habe einmal einen Zauberer gesehen, der hat mir mit seinem Trick zu einer Erkenntnis verholfen: Er fragte, ob ihm einer der Zuschauer einen Fünfzigeuroschein leihen würde. Ein Gast zückte seine Brieftasche und übergab ihm die Banknote. Der Zauberkünstler ging damit auf die Bühne und zerschnitt vor aller Augen den Schein in viele kleine Stücke. Der Besitzer des Geldes wurde blass. Gleich darauf aber zog der Magier den unversehrten Fünfziger aus seiner Jackentasche und reichte ihn dem Mann zurück. Dieser strahlte über beide Ohren. Ich applaudierte und dachte mir: Der Mensch hat nicht mehr als zuvor und doch ist er jetzt glücklicher.
Den gleichen Trick wenden Sie an, wenn Sie sich in Zeiten von persönlicher Energielosigkeit auf sich und Ihre eigene Stärke besinnen: wer Sie sind und was Sie können.
Das lässt sich auch in einem Wort zusammenfassen: Sie besinnen sich auf Ihre Individualität. Das ist die einzige Kraft, die uns vor dem Standard bewahrt.

Selbsterhaltung, Egoismus, Individualität

Die Individualität ist nicht zu verwechseln mit Selbsterhaltungstrieb und Egoismus.
Den Selbsterhaltungstrieb hat jedes Lebewesen. Es fühlt die Notwendigkeit, für sein eigenes Überleben zu sorgen. Essen, Schlafen, Vermehren. Dieser Antrieb ist die Voraussetzung für den Siegeszug des Lebens auf unserem Planeten.
Ich nenne das einen gesunden Egoismus. Das, was wir gemeinhin unter Egoismus verstehen, ist die krankhafte Übersteigerung dessen. Der Egoist verschafft sich lautstark Platz und schaut nur auf sich. Sein Fokus liegt auf seinen Interessen, die er ohne Rücksicht auf Verluste anderer verfolgt. Andere profitieren nicht von seinem Verhalten.
Bestünde die Welt nur aus Egoisten, wäre es schon lange um die Menschheit geschehen: Es gäbe keine vertrauensvolle Zusammenarbeit und keine gegenseitige Unterstützung. Ein Egoist ist und bleibt ein kurzsichtiger Einzelkämpfer.

Der Egoismus ist also nicht – wie der Selbsterhaltungstrieb – in allen angelegt. Die Individualität mit ihrer Kraft hingegen schon.
Jeder Mensch kommt damit auf die Welt: Er hat besondere Eigenschaften, er hat besondere Talente, er hat besondere Stärken. In allem steckt potenzielle Energie, die er wecken kann. Vorausgesetzt er hat sie bereits entdeckt und seine Stärken sind ihm bewusst …

Unentdeckte Energie

Im Gegensatz zum Egoismus tritt die Individualität leise auf. Deshalb glaubt noch nicht einmal jeder, dass er überhaupt eine hat. Entsprechend macht er sich auch nicht auf die Suche nach sich selbst. Stattdessen sucht er im Außen nach Orientierung: bei den Standards und den Erwartungen seines Umfelds. Seine Individualität muss jeder für sich entdecken und ihr aktiv Raum geben. Das kostet zunächst Energie. Das macht diese Entdeckungsreise auf den ersten Blick energetisch unattraktiv.
Und doch ist das die einzige Möglichkeit, um neue Energie zu gewinnen. Denn aus der gelebten Individualität heraus entsteht Kraft.
So wie die Kraftlosigkeit in eine Negativspirale führt, führt diese Kraft in die Positivspirale: je mehr Sie an Ihrer Individualität arbeiten, desto mehr mentale Stärke entwickeln Sie.
Diese ist nicht angeboren, sondern will erarbeitet und eingeübt werden. Sie hilft Ihnen, die Wellentäler gut durchzustehen. Wenn die Herausforderung groß ist, können Sie sich darauf berufen. Sie sagen: „Ich bin ich. Ich habe ein Problem. Ich löse das jetzt!“
Mit dieser mentalen Stabilität gehen Sie von vornherein anders mit der Situation um. Sie jammern nicht, sondern sehen die Chance zu wachsen. Sie agieren stark, autark und selbstbestimmt – gemäß Ihren Talenten.

Talente für alle

Individualität und Egoismus schließen sich nicht gegenseitig aus, denn sie finden auf verschiedenen Ebenen statt. Der Egoist bewegt sich auf der Interessensebene, der Individualist auf der Fähigkeitsebene.

Während der Fokus der Eigeninteressen die Interessen der anderen ausschließt, vertragen sich Fähigkeitsfokus und Rücksicht auf die Interessen anderer sehr gut. Denn das Bewusstsein und der Einsatz der eigenen Fähigkeiten können den anderen zugutekommen.

Das ist auch unser Auftrag in der Welt. In der Bibel steht ein großartiges Gleichnis dazu: Ein reicher Kaufmann muss auf eine lange Reise gehen. Er übergibt seinen drei Knechten jeweils eine erhebliche Summe Geld und bittet sie, gut damit zu wirtschaften. Im Matthäus-Evangelium heißt es sogar, dass er ihnen den Reichtum in „Talenten", also der damaligen Maßeinheit, aushändigt.

Einige Jahre später kehrt er zurück und ruft die drei Knechte zu sich. Zwei haben das Geld gemehrt, diese belohnt der Herr. Der dritte aber hat das Anvertraute nicht genutzt, sondern verborgen. Und geht am Ende leer aus.

Das, was uns gegeben ist, haben wir gewinnbringend einzusetzen. Das ist der Sinn des Lebens. Stattdessen belassen es viel zu viele dabei, ihre Fähigkeiten brachliegen zu lassen und sich kraftlos in den Standard zu ergeben. Nur weil sie die Anschubenergie nicht aufbringen, um ihre Individualität zu entdecken, zu entwickeln und zu leben.

Die Individualität und mit ihr die Chance auf ein sinnerfülltes Leben sind also die ersten Opfer der verbreiteten Kraftlosigkeit. Doch diese fordert noch viel mehr Opfer, denn die Auswirkungen der ungenutzten Individualität gehen über das Leid des Einzelnen weit hinaus …

ABSTOßUNG

KEINER MACHT VIELE

Die Menschen nutzen ihre Individualität nicht. Sie pflegen nicht ihre Verschiedenheit, sondern ihre Gleichheit. Der Volksmund sagt: „Gleich und Gleich gesellt sich gern.“ Dementsprechend sollten Gemeinschaften, die sich über ihre Gleichheit finden, einen guten Zusammenhalt haben. Das Gegenteil ist der Fall.

In Teil 1 habe ich aufgezeigt: Die Verweigerung gegenüber der Individualität kommt aus der Kraftlosigkeit. Und führt noch weiter in die Kraftlosigkeit hinein. Der Einzelne bringt keine Energie in die Gemeinschaft ein.Das hat fatale Folgen, denn es gibt nur zwei Wege, wie sich Gemeinschaften bilden …

Verbindung aufnehmen

In der ersten Variante verbinden sich die einzelnen Mitglieder der Gruppe miteinander. Und im Zusammenspiel wird klar, wo sich die Charaktere und die Fähigkeiten gegenseitig am besten ergänzen. Es gibt vorab keinen oder nur einen groben Plan, wer an welche Position rücken wird.

Das ist gut so, denn es ist wie bei einer Fußballmannschaft: Auch ein Cristiano Ronaldo wird kein Champions-League-Sieger, wenn seine Mannschaft aus neun Feldspielern ohne eigenes Profil und ohne eigene Ideen besteht. Er ist auf kreatives Zuspiel und eine einfallsreiche Abwehr angewiesen.

Durch dieses aktive Aufeinander-Einlassen bildet sich fließend ein System heraus. Es bleibt auch über die anfängliche Findungsphase hinaus im Fluss. Die Beteiligten kennen sich mit ihren Stärken und Schwächen gut, deshalb können sie auch auf unerwartete Situationen mit Leichtigkeit reagieren. Die Flexibilität ist deshalb ein wichtiges Kennzeichen dieser Art von Gemeinschaft – in der Wirtschaft wie im Fußball: In vergangenen Tagen konnten Sie mit einer starren Zuordnung von Mann, Raum und Aufgabe Spiele gewinnen. Doch den heutigen Anforderungen in der Profi-Klasse halten solche Festlegungen nicht mehr stand.

Auch für Wirtschaft und Gesellschaft haben sich die Anforderungen verändert: Globalisierung und Digitalisierung hängen die Latte für Erfolge wesentlich höher. Sie erreichen sie nur mit der Leistungs- und Anpassungsfähigkeit von Verbundgemeinschaften. Doch für diese Art, eine Gemeinschaft zu entwickeln, hat der Einzelne etwas mitzubringen: seine Individualität und den Willen zur Gestaltung. Das ist zwingende Voraussetzung für die Entstehung. Deshalb nenne ich diese Sorte der Gemeinschaften Gestaltungssysteme. Ansonsten bleibt für die Formung nur der zweite Weg …

Käfige formen

Eine Gemeinschaft kann auch von außen geformt werden. Dann sorgt ein Gerüst für die Struktur. Sie besteht aus vielen kleinen Käfigen mit vorgeformten Positionen, in die der Einzelne einsortiert wird.
Auf seine Zuordnung in einen Käfig nimmt der Einsortierte nur bedingt Einfluss. Ist er dort angekommen, bleibt er meist auch dort: Schließlich kostet es Energie, sich wieder wegzubewegen.
Die Gitter um den Käfig bestehen aus Regeln, die wir uns bewusst oder unbewusst schaffen. Ich beobachte oft in Beziehungen, dass in einer anfänglichen Gestaltungsphase unausgesprochene Regeln entstehen, die schnell zu Gitterstäben erstarren. Wenn Sie die infrage stellen, lösen Sie einen Konflikt aus.
Die Regeln in Unternehmen und Organisationen können ebenfalls wachsen, doch werden sie häufig von den Standardvorbildern übernommen. Je länger so ein Gebilde besteht und je größer es ist, desto stärker vermehren sich die Gitterstäbe und umso enger werden die Käfige.
Zwischen den einzelnen Zellen gibt es einen mehr oder weniger streng reglementierten Austausch. Es ist vorgeschrieben, was in welche Richtung zu laufen hat. Als Zellenbewohner müssen Sie den, der nebenan sitzt, nicht verstehen, es reicht, wenn Sie die Vorschriften kennen, damit Sie im Sinne des Systems mit ihm kommunizieren können.
Sitzen Sie erst einmal in einer solchen Zelle, ist es schwer, den Überblick über das gesamte Gerüst und die Aktivitäten seiner Bewohner zu bekommen. Das ist weder nötig noch erwünscht. Denn schließlich ist jedem Käfig seine sauber definierte Aufgabe zugeordnet. Und der einzige Auftrag des Käfigbewohners ist es, diese Aufgabe abzuarbeiten. Und zwar genau so, wie es die Regeln vorsehen. So bildet sich heraus, was ich ein Verwaltungssystem nenne. Dieses Konzept macht es dem Einzelnen in vielerlei Hinsicht einfacher …

Räume und Grenzen

So kann sich der Käfigbewohner die Mühe sparen, sich auf die anderen einzustellen. Ein Blick in das Regelwerk genügt und er weiß, was von ihm erwartet wird. Denn die Organisation belohnt die angepassten Gruppenmitglieder. Sie sollen den Käfig ausfüllen, ohne darüber hinauszuquellen oder Raum darin ungenutzt zu lassen. Sie sollen den Standard erfüllen.
Im Gestaltungssystem dagegen ist der Raum, den der Einzelne einnimmt, noch offen. Ein neues Mitglied steht also nicht vor der Frage: „Wie füge ich mich in das Vorgegebene ein?“ Es sind zwei ganz anderen Fragen, die ihn bewegen:

1. „Welchen Raum kann ich mit meiner Individualität füllen und was bringe ich sinnvoll ein?“
2. „Was bringen die anderen ein und wie ergänzen wir uns da?“

Aus diesen Fragen heraus entstehen als Antwort nicht abgegrenzte Aufgabengebiete mit klar umschriebenen Schnittstellen, sondern Zuständigkeitsfelder mit weiten Überlappungen. Diese fließenden Übergänge haben tief greifende Auswirkungen …

Zuweisung

In den starren Organisationen sind die Käfiggrenzen gleichzeitig Verantwortungsgrenzen. Die Strukturen sind so gebaut, dass genau einer verantwortlich ist. Sobald eine Aufgabe die Demarkationslinie überschritten hat, wechselt auch die Verantwortung schlagartig die Seite. Das vereinfacht die Suche nach einem Schuldigen erheblich.
Es führt auch dazu, dass die Verantwortung gerne wie eine heiße Kartoffel von einem Käfig in den anderen geworfen wird. Denn mit Verantwortung ist Risiko verbunden. Da in Verwaltungssystemen Fehler als persönlicher Makel gelten, will sich keiner die Finger verbrennen.
In Gemeinschaften mit Zuständigkeitsüberlappungen können situativ zwei oder mehrere Beteiligte die direkte Verantwortung übernehmen. Und der Kreis öffnet sich noch weiter: Da es keine scharfen Verantwortungsgrenzen gibt, fühlen sich letztlich alle Teammitglieder für das Ganze verantwortlich. Auch in diesem Punkt ist es also für den Einzelnen im Gestaltungssystem

anstrengender: Er trägt nicht nur einen winzigen Ausschnitt der Verantwortung für das Gelingen, sondern auch Gesamtverantwortung.
Doch das Leben ist nicht nur für die Bewohner der Käfige einfacher …

Die Hüter

Auch die Käfighüter, zum Beispiel Manager, haben es leichter: Die Einrichtung fester Strukturen erfordert wesentlich weniger Aufwand als der aufwendige Gestaltungsprozess bei Teams. Der gleicht jedes Mal einer Neuerfindung.
Verwaltungssysteme dagegen müssen nicht neu erfunden werden: Entweder ist das Gerüst im Unternehmen bereits vorinstalliert oder es wird nach den bewährten Standardanleitungen aufgebaut. So ergibt sich kein Risiko, denn diese Muster sind tausendfach erprobt.
Und ist das System erst einmal eingerichtet, dann läuft es mit wenig Pflegeaufwand. Es ist ja alles geregelt.
Ein personeller Wechsel greift nicht in die Struktur ein, denn von den Neuen wird erwartet, dass sie sich nahtlos in den Raum einfügen. Die Personalabteilung hat eine genaue Stellenbeschreibung und kann zielgerichtet Ersatz suchen. Und was nicht passt, wird passend gemacht.
Der Apparat ist im Gegensatz zu einer Verbundgemeinschaft deutlich unabhängiger von den beteiligten Individuen. Und damit auch wesentlich vorhersehbarer. Das kommt dem Planungswunsch oder dem Kontrolldenken der Hüter sehr entgegen.

So viele

So entstehen große Gemeinschaften, ohne dass der Einzelne Energie einbringen muss. Nach außen wirkt dieser Block homogen, doch innen sitzen Menschen, die weder mit ihrem Käfig-Nachbarn noch mit der Struktur verbunden sind.
Jeder von ihnen ist keiner, weil er seine Individualität spätestens am Eingangstor zum System abgibt. Zusammen bilden sie keine wirksame Einheit, sondern sie sind einfach nur viele.

KRAFTLOSE HAUFEN

In Verwaltungssystemen steckt also keine Energie, die zum Zusammenhalt führen könnte. Sie sind rundherum von Kraft- und Saftlosigkeit geprägt. Deshalb ist es unmöglich, dass aus diesem Komplex heraus etwas Neues entsteht. Es ist wie in einer Wüste: Wo kein Leben ist, kann auch nichts wachsen.
Das Phänomen zieht sich durch alle Ebenen unseres Lebens: Ich beobachte es im privaten Umfeld, wo Menschen immer mehr nebeneinanderher leben. In der Politik, wo jeglicher Mut zur Innovation im Keim erstickt wird. Und ganz besonders augenfällig sehe ich es in der Wirtschaft.
Wir werden gelegentlich gebeten, Design-Richtlinien zu erstellen, die die Unternehmen selbst anwenden können. Das tun wir nicht, denn wir arbeiten zwar mit Grunderkenntnissen als Eckpfeiler, doch starre Regeln lassen sich daraus nicht ableiten. Denn aus der Anwendung von Regeln ist noch nie etwas Neues entstanden.
Das Ergebnis ist im besten Fall ohne besondere Auffälligkeiten. Es ist ein Reproduzieren, aber kein Weiterentwickeln. Es bleibt bei der Gestaltungswüste. Mehr an Ergebnis kann ein Verwaltungsteam nicht erreichen. Und dennoch setzen die Unternehmen in Unkenntnis des Unterschieds bevorzugt auf diese Form …

Standardergebnis

Verwaltungsteams haben für Manager den Vorteil, dass sie mit wesentlich weniger Aufwand zu organisieren, zu kontrollieren und in ihrer Entwicklung vorherzusagen sind. Dass mit diesem Vorteil des Standards der Nachteil des Standardergebnisses verknüpft ist, ist den meisten Unternehmenslenkern nicht bewusst.
Das führt zu folgendem Effekt: Die Ergebnisse des Verwaltungsteams hinken den hochgesteckten Erwartungen hinterher. Doch weil den Managern die Ursache verborgen ist, drehen sie nicht an der Schraube „Gestaltungsteam bilden“. Stattdessen zucken sie enttäuscht mit den Schultern und sagen: „Unsere Mitarbeiter kriegen nicht mehr hin. Dann ist das eben unser Stan-

dard." Sie resignieren und geben sich mit ihrer internen Wüste zufrieden. Der CEO eines Industrieunternehmens mit 2 Milliarden Euro Umsatz drückte es mir gegenüber so aus: „Wir machen das jetzt so, selbst wenn wir damit in die Steinzeit zurückfallen."
Selbst wenn ihnen der Unterschied bewusst wäre, bin ich nicht sicher, ob sie anders handeln würden. Denn der Invest an Zeit und Geld ist erheblich, bis ein Gestaltungsteam produktiv wird. Das ist wie bei einer Bambuspflanze: Erst nach einigen Jahren der Pflege beginnt sie zu wachsen. Doch dann schießt sie schnell durch die Decke.
Nur einige der großen Unternehmen haben das erkannt: Sie befreien ausgewählte Teams von den starren Strukturen des Verwaltungssystems. Offensichtlich haben sie verstanden, dass sie damit zukunftsfähige Ergebnisse erzielen können.
Doch unter den Mittelständlern realisieren nur wenige, dass sie der Standard fest im Griff hat. Sie sind reine Wüstenunternehmen. Einige waren es schon immer …

Der Ursprung der Wüste

Vor einigen Jahrzehnten war Industriedesign für den Erfolg eines Unternehmens nicht zwingend. Es gab in der Zeit der Firmengründung einen Bedarf im Markt, zum Beispiel nach Bohrmaschinen. Die Firma konzentrierte sich von Beginn an darauf, Bohrmaschinen zu entwickeln, herzustellen und anschließend zu verteilen.
Das genügte, um das Geschäft in Schwung zu bekommen und über Jahre in Gang zu halten. Doch in den meisten Märkten ist das Verteilen heute keine erfolgreiche Strategie mehr. Dort ist es eng geworden. Es sind rücksichtslose Kämpfe, die über Preis und andere Konditionen geführt werden. Wer sich weiterhin über das Verteilen behaupten muss, verliert drastisch an Marktanteilen.
Die Unternehmen, die nach einem Ausweg suchen, stehen vor der Entscheidung, wie ihr zukünftiges Geschäftsmodell aussehen kann: Welche Auswirkungen haben Megatrends wie Digitalisierung, Industrie 4.0, autonomes Fahren oder alternative Antriebe auf ihre Branche? Es ist auf breiter Front Gestaltung gefragt.

Das ist für die Firmen, die in der Tradition des Verteilens stehen, eine besondere Herausforderung. Gestaltung funktioniert aus dem Verwaltungsmodus heraus nicht. Für sie ist also ein Wandel der Kultur unumgänglich, um sich neu auszurichten. Dieser braucht Mut, Entschlossenheit und Weitsicht. Doch ist diese Gestaltungskultur nicht vorhanden, ist es aussichtslos, sie dem Unternehmen einpflanzen zu wollen.

Deshalb kämpfen viele Wüstenunternehmen jahrzehntelang um ihr Überleben. Jedes Jahr gelingt es ihnen nur knapp, sich über Wasser zu halten. Die Frage ist, wie lange noch.

Und doch sind die Wüsten in den deutschen Unternehmen nicht etwa auf dem Rückzug, denn sie haben die Tendenz, sich auszubreiten …

Unaufhaltsam

Energielose Firmen ziehen vorrangig energielose Mitarbeiter an und selektieren diese auch aktiv. Und falls ein energievolles Individuum in ein Verwaltungssystem gerät, dann ist folgende Entwicklung absehbar:

Sobald der Mitarbeiter erkennt, dass die Bearbeitung im vorgeschriebenen Stil keinen Sinn macht, setzt er sich darüber hinweg. Damit stößt er schnell an seine Käfiggrenzen und löst den Alarm aus. Tut er das häufiger, wird er gekündigt oder geht entnervt von selbst. Denn die Verwaltung durch Regeln hat Zwangscharakter. Wer nicht mitgeht, ist draußen.

Im schlimmsten Fall hat der Mitarbeiter nicht mehr genug Energie, den Käfig zu verlassen, bleibt und ergibt sich in die Sinnlosigkeit des Standards.

Über diese „natürliche“ Selektion ist der Mitarbeiterstamm der Firma zunehmend von Energielosigkeit geprägt. Bis nur noch Wüste existiert.

Wüstenbegehung

Ich habe schon viele Unternehmen erlebt, die auf diese Weise über die Jahre komplett dem Standard verfallen sind. In diesem Stadium hilft es auch nicht, wenn wir gerufen werden, um von außen die Gestaltung in die Firma hineinzutragen. In früheren Jahren hatte ich die Illusion, dass uns dieses Kunststück gelingen kann. In all diesen Fällen haben wir unseren Auftrag

anständig und mit dem bestmöglichen Ergebnis zu Ende gebracht – nicht weniger, aber auch nicht mehr.
Heute prüfen wir vor Vertragsabschluss sorgfältig, ob wir das Zutrauen haben, dass diese Kooperation eine Erfolgsgeschichte wird. Und falls es dann doch zu Energieverlust kommt, ziehen wir diese Konsequenz sehr viel schneller als früher. Seit über zehn Jahren achten wir sehr genau darauf: Gehen wir dreimal nach einem Besuch aus einer Firma mit weniger Energie hinaus als wir hineingegangen sind, dann ändern wir etwas. Denn energievolle Unternehmen verlassen Sie selbst nach den längsten Meetings mit mehr Energie.
Ich wende dieses Prinzip inzwischen auch bei Freunden an: Ich achte auf mein Energielevel bei Begegnungen. Fühle ich mich mehrfach hinterher schlechter als zuvor, dann spreche ich das Problem an und bin bereit, die Konsequenzen zu ziehen.
Ermutigt hat uns bei dieser Geradlinigkeit die Erfahrung, dass sich unsere Energie ihr Wirkungsfeld sucht: Immer wenn wir uns aus der Zusammenarbeit mit einem energielosen Kunden zurückgezogen haben, sind im gleichen Jahr andere Türen aufgegangen.

Die Folgen

Verwaltungssysteme breiten sich also aus, obwohl sie keinen inneren Zusammenhalt haben, sondern von einem starren äußeren Regelwerk gesteuert sind und nichts anderes als Standard hervorbringen.
Doch was passiert mit diesen Systemen, wenn die Veränderungen übermächtig werden? Wenn der Druck von außen auf den spröde werdenden Gitterstäben lastet und immer stärker wird? Welche Zukunft haben diese Gemeinschaften?

ZERFALL

Ich besuche jedes Jahr um die 30 neue Firmen. Manchmal denke ich, ich sollte umsatteln und als Unternehmensberater mein Geld verdienen: Denn ich spüre, ob diese Firma eine Wüste ist oder ob es noch Leben gibt. Ob es sich um ein Verwaltungs- oder um ein Gestaltungsunternehmen handelt. Zwei Merkmale führen mich schnell auf die richtige Spur …

Das Gespür

Das erste Warnsignal, dass es sich um ein Wüstenunternehmen handelt, ist die Überheblichkeit und die Ignoranz, mit der die Führungskräfte auftreten. Arroganz und Beratungsresistenz quellen aus allen Poren.
Das zweite und noch viel deutlichere Kennzeichen ist, dass sich Verwaltungsunternehmen ausschließlich mit Optimierungsthemen beschäftigen. Und darin möchten sie noch bestärkt werden.
So fragte mich der Vorstandsvorsitzende einer großen Maschinenbaufirma: „Wie sehen Sie die Rolle des Designs in unserer Branche?“ Aus dieser Frage höre ich eindeutig heraus: Wir von uns aus wollen nichts anderes machen. Wir verändern nur das, zu dem uns die Wettbewerber zwingen.
Das ist typisch für Wüstenunternehmen: Es fehlt ihnen die Einsicht in die Notwendigkeit von Veränderungen. Oder besser gesagt: Wenn sie sich bewusst mit dem Thema auseinandersetzen würden, würden sie die Unausweichlichkeit erkennen. Doch sie weigern sich instinktiv, denn sie ahnen schon: Diese Veränderung verträgt sich nicht mit der Verwaltungskultur.
Das ist wie in Beziehungen: Ich habe es bisher nur selten erlebt, dass zum Zeitpunkt des Auseinanderbrechens einer der Beteiligten ernsthaft überrascht ist. Jeder nimmt frühzeitig den Veränderungsbedarf wahr, auch wenn keiner darüber spricht.
Doch die Protagonisten der Verwaltungskultur wehren sich zäh gegen jede Verwandlung.

Die Notwendigkeit

Dabei haben solche Unternehmen schon fast nichts mehr zu verlieren. Sie müssten dementsprechend dringend Veränderungen einleiten. Doch in einer echten Wüste passiert nichts.

Und doch besteht Hoffnung, denn immer wieder sehe ich Unternehmen, unter deren Sand sich noch Leben verbirgt.

Ich sagte bereits, dass wir etwas ändern, wenn wir in der Zusammenarbeit mit Firmen einen Energieverlust bemerken. Zu dem Ändern gehört, dass wir über unsere Beobachtung mit der Geschäftsführung sprechen. Denn das ist die einzige Ausnahme von der Erfahrung, dass ein Einzelner in Verwaltungssystemen nichts verändern kann. Setzt sich der Geschäftsführer mit Macht für Veränderung ein, kann potenziell eine Wende gelingen.

Denn es gibt durchaus Käfig-Bewohner, die ihre Individualität und ihre Energie wiederentdecken, sobald es ihnen die Umstände erlauben. Die lassen sich mitziehen vom Gestaltungswillen der Führung und entfalten ihre Möglichkeiten in einer neuen Kultur.

Doch die Zahl der Firmen, die es schaffen, ist klein.

Das Ende

Dementsprechend sehe ich zu wenig Bewegung in Deutschland. Die Wüste samt dem Standard breitet sich ungehemmt aus. Selbst Marktführer, die heute noch extrem erfolgreich sind, die „Manager des Jahres" in ihren Reihen haben, sind innerlich durch und durch ausgetrocknet und der Verwaltungskultur verfallen.

Entweder sie arbeiten die nächsten Jahre hart an ihrer Wandlung und geben ihren verborgenen Energiereserven wieder eine Chance. Oder sie trocknen vollends aus.

Dann zerfallen sie beim ersten größeren Windstoß in ihre energielosen Einzelteile.

Das Driften

Diese Entwicklung trifft nicht nur verkrustete Unternehmen: Nachdem die Wüste überall Einzug gehalten hat, droht dieses Schicksal auch allen anderen Gemeinschaften, die nur durch starre Regeln zusammengehalten werden.
Sie sind den Veränderungen, die auf uns zukommen, nicht gewachsen und brechen ein. Doch was passiert mit den freigesetzten Käfigbewohnern?
Ich bin ein Optimist, aber auch ein Realist: Die meisten werden halt- und ziellos durch die Welt driften und suchen sich möglichst bald wieder einen Käfig.
Je unsicherer sie sich in diesem Zustand fühlen, desto leichter lassen sie sich von markigen Käfigversprechen anziehen: von der Aussicht auf Wohlstand ohne Gegenleistung, auf Rache für die empfundene Ungerechtigkeit, auf das ewige Paradies samt Jungfrauen, auf die eigene Zugehörigkeit zur Macht.
Auf der Suche nach starren Regeln werden sie nur allzu schnell fündig.

Die Überzeugung

Doch ich bin fest davon überzeugt, dass im deutschen Wüstensand auch jede Menge Energiepotenziale lagern. Sie stecken in den Menschen, die sich bisher ihrer Individualität nicht bewusst sind oder diese zumindest nicht aktiv entwickeln und nutzbringend einsetzen. Und das sind sehr viele.
Über welche Stationen die Entwicklung der Individualität führt und welche Auswirkungen das hat, das lesen Sie im folgenden Teil.

TEIL II

VER-
ÄNDE-
RUNGS-
KRAFT

8

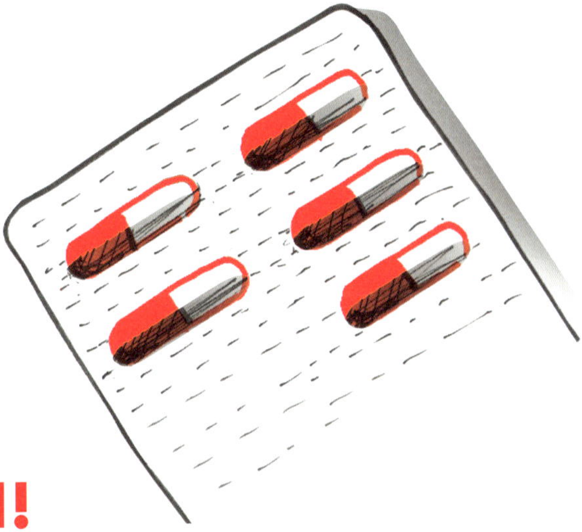

UND ES GIBT SIE DOCH!

Ich habe Ihnen in den ersten Kapiteln dieses Buches viel erzählt über die negativen Kräfte, die in unserem Land überhandnehmen, und welche Auswirkungen sie haben: Sie sind die Zerstörer jeglichen Zusammenhalts, weil sie abstoßen, statt anzuziehen.
Vielleicht habe ich Sie schon überzeugt, vielleicht aber sagen Sie auch: „Moment mal! Stimmt das denn überhaupt? Driftet in Deutschland alles auseinander? Das kann doch nicht sein."
Und auf den ersten Blick haben Sie recht: Die Zahl der Scheidungen nimmt ab, die Zahl unserer Vereine, Genossenschaften und Stiftungen erreicht immer neue Höchststände, die Zahl der Unternehmen liegt immer noch weit über 3,5 Millionen. Deutschland ist also ein Land voller Gemeinschaften: im Kleinen wie im Großen, im Privaten wie im Beruflichen, im Sozialen wie in der Politik. Wo soll das Problem liegen?
Ich sage Ihnen: Der erste Blick trügt, denn das, was nach außen wie eine Gemeinschaft aussieht, muss noch lange keine funktionierende Gemeinschaft sein. Und genau das ist die Krux: Die große Mehrheit der Gemeinschaften in Deutschland funktioniert nicht.

Gemeinschaft ohne Gemeinschaft

Sehen Sie genau hin: Da sind die unzähligen Ehen, in denen die Partner nicht mehr miteinander reden außer darüber, wann die Kinder wo abgeholt werden müssen und wer die Belege für den Steuerberater fertig macht. Da sind die vielen Vereine, die immer weiter schrumpfen, weil jeder vom anderen mehr Engagement fordert als von sich selbst. Da ist die wachsende Zahl an Unternehmen, in denen die Mitarbeiter ihre Verantwortung an der Pförtnerloge abgeben – wie der Gallup Engagement Index alljährlich zeigt.
„Na ja", könnten Sie nun sagen. „Was soll's? Solange die Gemeinschaften trotzdem halten, sind sie immerhin doch ein stabilisierendes Element für unsere Gesellschaft." Wenn Sie das so sehen wollen: Bitte. Doch die Stabilität dieser Strukturen ist ja die von Gitterstäben: Sie engen ein, sie behindern jedes Wachstum, sie lassen die Menschen darin verkümmern.
Und deshalb haben alle nicht funktionierenden Systeme eines gemeinsam: Sie sind auf Dauer weder wirkungsvoll noch erfüllend noch erfolgreich. Denn in einer Partnerschaft ohne Austausch gibt es keine Entwicklung, zumindest keine gemeinsame. Ein Verein, in dem jeder nur noch für die eigene Sache arbeitet, kann die einstmals gemeinsame Sache nicht mehr unterstützen. Eine Firma mit lauter Mitarbeitern, die sich für den wirtschaftlichen Erfolg nicht verantwortlich fühlen, kann weder innovative Produkte entwickeln noch Kunden für sich begeistern.
Und warum können solche unechten Gemeinschaften das nicht leisten? Es mangelt ihnen an einer entscheidenden Fähigkeit: Sie entwickeln aus sich heraus keine Kraft für Neues, für den lebendigen Fortbestand, für das Wachstum, für die Kreativität, kurz gesagt: für ihre Zukunftsfähigkeit. Sie werden auf Dauer nicht bestehen. Und doch: Obwohl sie nicht funktionieren, existieren diese Systeme weiter. Sogar oft über lange Zeit. Manche Gitterstäbe scheinen sogar für die Ewigkeit gebaut. Wie geht das denn?

Morsch werden

Die Gemeinschaften, die von Gitterstäben zusammengehalten werden, überdauern trotz fehlendem Zusammenhalt oft viele Jahre und Jahrzehnte. Ihr äußeres Erscheinungsbild vermittelt den Eindruck von Stabilität und Sicherheit, aber sie existieren immer weiter. Dabei sind sie saft- und kraftlos und nur der Druck von außen hält sie noch zusammen.

Ab und zu schmeißt einer nach dem Vorbild eines Donald Trump ein bisschen Sprengstoff ins System und dann kursiert diese Energie kurzzeitig. Im Großen und Ganzen jedoch verknöchern sie in ihren äußeren Strukturen, jegliche Flexibilität geht verloren. Mit jedem Jahr werden sie morscher.

In ruhigen Zeiten kann das sehr, sehr lange gut gehen, die Brüchigkeit wird vielleicht gar nicht sichtbar. Doch sie schreitet unweigerlich voran. Und entweder die Strukturen geben irgendwann ohne äußeren Anlass nach und zerfallen zu Staub. Oder der erstbeste Sturm lässt sie mit lautem Krachen in sich zusammenbrechen.

Also keine schönen Aussichten für unechte Systeme.

„Aber Moment mal", werden Sie sagen. „Das gilt vielleicht für einen Teil der Gemeinschaften in Deutschland. Aber finden wir nicht auch hier bei uns glückliche Ehen, pulsierende Vereine und Unternehmen, die in der ganzen Welt erfolgreich sind?"

Da stimme ich Ihnen zu. Und ich kann Ihnen auch Beispiele für funktionierende Gemeinschaften liefern.

Erfolgsrezepte

Eines dieser Beispiele ist mir selbst ganz nah: Es ist meine eigene Familie. Dieses System hat eine Historie, die über meine eigene weit hinausgeht. Es hat sich eine Prägung über Generationen entwickelt, die immer weitergegeben wurde.

Diese Prägung beinhaltet, dass ich für mich selbst die Aufgabe habe, mich zu beobachten und so in meinen Stärken und Schwächen zu identifizieren. Und mit beiden umgehen lerne: Über die Schwächen lamentiere ich nicht, sondern ich tue ausreichend viel, dass ich sie aus der Gefahrenzone in einen akzeptablen Bereich bringe. Das fing in der Schule schon an: Wenn ich eine Sechs bekomme, bleibe ich sitzen. Das ist nicht akzeptabel. Also lerne ich zumindest so viel, dass es für eine Vier oder vielleicht sogar eine sichere Drei reicht. Aber das ist auch genug. Bei den Themen dagegen, in denen ich richtig stark bin, setze ich meine Kräfte mit ganzem Herzen ein. Die Auswirkung dieser Prägung ist: Jedes Familienmitglied nimmt seine Schwächen an und

macht sich gleichzeitig stärker in seinen Stärken. So entsteht Einzigartigkeit. Und diese Akzeptanz für Stärken und Schwächen geht über die eigene Person hinaus: Es gilt auch für die anderen. Als Konsequenz daraus verzichte ich auf ein Herumdoktern an ihnen. Keiner versucht Änderungen zu erzwingen. Ich knüpfe auch mein Wohlwollen für andere nicht an die Erfüllung meiner Erwartungen.
Dieses Thema – sich selbst erkennen sowie sich und andere akzeptieren, wie sie sind – hat unsere Familie durchdrungen. Deshalb bringt sie Menschen hervor, die in der Lage sind, ihren eigenen Weg zu gehen. Die Wege sind durchaus unterschiedlich, aber jeder ist in Ordnung: Ob der eine als ein Wissenschaftler den Rahmen verlässt, um auf Neues zu stoßen, oder der andere als ein Lehrer eher den Rahmen bewahrt und die Grenzen achtet. Alles ist gut, wie es ist.
Deshalb stehen trotz der Unterschiedlichkeit die einzelnen Mitglieder alle füreinander ein und schätzen sich.
Das ist ein Beispiel für ein funktionierendes System im privaten Bereich. Es gibt sie auch im wirtschaftlichen Umfeld …

Wirtschaftskonzepte

In der Maschinenfabrik Rheinhausen in Regensburg zum Beispiel sind die wichtigen Bereiche – von Produktentwicklung über Marketing und Kommunikation bis hin zur Strategie und Geschäftsführung – alle hervorragend abgedeckt. Die Leute, die im Unternehmen sind – selbst die, die keine strategische Aufgabe haben –, haben genau den Platz gefunden, an dem sie wirkungsvoll sind. Ihre Wirkung erzielen sie nicht auf Anweisung, sondern von sich aus: aus eigenem Antrieb, aus eigener Überzeugung.
Ich beobachte auch, dass diese Firma sehr in Bewegung ist. Sie verändert sich proaktiv, um den zukünftigen Anforderungen gerecht zu werden, ohne dass ein Druck existiert. Viele anderen Unternehmen, die ich kenne, wandeln sich dagegen nur, wenn sie den Druck verspüren, dass etwas getan werden muss. Wenn es nicht mehr anders geht. Die Leute von der Maschinenfabrik Rheinhausen aber beobachten von sich aus ihr Marktumfeld genau. Und sobald sie den Eindruck haben, dass da etwas ist, was auf sie zukommen *könnte* – gehen sie an das Thema heran mit der Haltung: „Es ist zwar noch nicht da, aber

wir wollen uns schon mal darauf vorbereiten." Das gilt für die Herausforderung der Globalisierung wie für den technischen Wandel im Sinne von Industrie 4.0.

Geprägt ist diese Firma vom Kopf her: Der Inhaber fordert diese Haltung von seinen Mitarbeitern. Und zieht die entsprechenden Mitarbeiter auch an. Dadurch wird dieses Unternehmen auch immer besser: Weil die richtigen Leute dazukommen.

Die Maschinenfabrik Rheinhausen ist für mich eines der besten Beispiele dafür, dass Unternehmen als wirtschaftliche Verbünde richtig gut funktionieren können. Doch ihr Konzept ist bei Weitem nicht das einzig erfolgreiche …

Ein Freund hat ein Ingenieurbüro. Im Gegensatz zur Maschinenfabrik Rheinhausen hat er die proaktiven Aufgaben nicht an seine Leute delegiert – die erledigt er selbst. Aber er hat es verstanden, sich die richtigen Leute ins Unternehmen zu holen, die seine Proaktivität auf perfekte Art und Weise in Maßnahmen umsetzen.

Er hat verstanden, dass er seine eigene Proaktivität von seinen Mitarbeitern nicht verlangen kann und will: Nicht hier liegen ihre Stärken. Und genau das hat er akzeptiert.

Er sieht jedoch ihre Fähigkeiten, die sie in den ausführenden Bereichen optimal einsetzen, und dafür wertschätzt er sie. So funktioniert dieses System hervorragend, auch wenn ihm klar ist, dass keiner der Mitarbeiter seine Aufgaben übernehmen könnte. Wäre er damit unzufrieden, würde das System sofort aus dem Gleichgewicht kommen. E ist auf Gleichgewicht ausgelegt, während das System der Maschinenfabrik Rheinhausen mehr auf Dynamik und Ausdehnung setzt.

Es führen viele Wege nach Rom, nicht nur im wirtschaftlichen und privaten Umfeld …

Die Mannschaft

Unter den funktionierenden Gemeinschaften, die große Erfolge feiern, ist die Fußball-Nationalmannschaft von 2014 besonders im Gedächtnis. In der hat zweifelsohne vieles funktioniert und damit meine ich nicht nur den sportlichen Erfolg. Dieses Team konnte nicht nur auf, sondern auch neben

dem Platz die Welt begeistern: keine arroganten Jubelgesten nach dem Kantersieg gegen Brasilien, kein gegenseitiges Zerfleischen nach den kritischen Momenten im Algerien-Spiel. Und die Bilder der begeisterten Kinder, die von den Weltmeisterschaftskollegen der Papas huckepack durchs Maracana-Stadion getragen wurden, gingen um die Welt. Dieses Team lieferte ein ganz anderes Bild als es von einer deutschen Mannschaft erwartet wurde. Das Bild von einem Spieler aus Deutschland war: Er zeichnet sich durch Fleiß und Disziplin im Spiel aus, zeigt neben dem Platz wenig Humor und Lebensfreude und das Feiern hat er auch nicht erfunden. Doch hier präsentierte sich eine Elf mit elegantem Fußball voll Spielwitz und technischer Überlegenheit, die in Spontaneität, Jubel und umarmender Freude den Brasilianern früherer Zeiten in nichts nachstand.
Dies sind ganz unterschiedliche Beispiele für gut funktionierende Systeme. Die Konzepte dahinter sind sehr unterschiedlich – die können es also nicht sein, die den Unterschied ausmachen zwischen gut und nicht gut. Aber gibt es etwas anderes, was diese verschiedenartigen Beispiele verbindet? Was machen sie anders als die andern?

Alles geregelt

Die Vertreter des großen mittelständischen Unternehmens und wir haben die Eckpunkte unserer Zusammenarbeit diskutiert, unsere Erwartungshaltungen ausgetauscht und alles besprochen, was in einem Vertrag so zu regeln ist. Sie waren auf der Suche nach einem Design-Partner lange weltweit unterwegs gewesen und sind mit uns fast vor ihrer Haustür fündig geworden. Die Verantwortlichen waren sich schnell einig: Wir sind die Richtigen.
„Gut“, sage ich. „Dann ist ja alles klar. Wann, denken Sie, haben Sie den Vertrag fertig?“
„Einen Vertrag brauchen wir nicht. Außer Sie legen großen Wert darauf, Herr Schmid“, sagt die Abteilungsleiterin lächelnd.
Mir bleibt der Mund kurz offen stehen, aber dann lächele ich zurück: „Nein, ich brauche ihn nicht. Hauptsache, wir bewahren uns auch in kritischen Momenten eine vertrauensvolle Beziehung.“
„Von unserer Seite aus kann ich das zusichern“, bekräftigt sie. „Und so schätzen wir auch Sie ein – sonst würden wir gar nicht mit Ihnen arbeiten.“

‚Gut so', denke ich beim Rausgehen. ‚Aber normal ist das nicht. Üblicherweise werden uns umfangreiche Verträge mit dem Wettbewerbsausschluss von x Firmen zugeschickt. Meine Hochachtung …'

Die üblichen geschäftlichen Beziehungen basieren auf schriftlich fixierten Vereinbarungen, Verträgen mit seitenlangem Kleingedruckten und streng geregelten Konventionalstrafen. Wenn solche Papiere die Klammer für die Zusammenarbeit sind, dann ist das ein klares Signal, dass da nicht-funktionierende Gemeinschaften aufeinandertreffen: Alle brauchen das Gefühl, dass kritische Punkte klar geregelt sind. Denn ohne diese Sicherheit befürchten beide Seiten, vom jeweils anderen über den Tisch gezogen zu werden. Das Misstrauen ist groß, dass der Geschäftspartner es genau darauf anlegen könnte. Aus dieser Grundhaltung heraus entstehen dann auch oft Missverständnisse und unproduktive Konflikte.
Würde es hier zu einer Zusammenarbeit kommen, würde sie nicht so funktionieren, dass außergewöhnliche Lösungen entstehen. Denn die Beteiligten fühlen sich einander weder zugehörig noch verpflichtet. Der Zusammenhalt wird künstlich durch Paragrafen- und Anweisungsdruck erzeugt. Und die natürliche Reaktion auf Druck ist Gegendruck, gerade wenn das Misstrauen von Anfang an die Atmosphäre bestimmt hat. Deshalb gehen wir solche Kooperationen nicht ein.
In einem funktionierenden System gibt es etwas, was schriftliche Vereinbarungen zur reinen Formsache macht. Die Zusammenarbeit mit dem erwähnten Unternehmen läuft dagegen seit sieben Jahren sehr gut. Denn das Zusammenspiel fußt nicht darauf, dass der eine mit dem anderen aufgrund schierer Notwendigkeit oder unausweichlicher Gegebenheiten zusammenarbeitet, sondern es gründet auf etwas anderem: auf gegenseitigem Vertrauen.

Breites Vertrauen

Das Vertrauen deckt dabei ein weites Spektrum ab: Es bezieht sich nicht nur auf die Kompetenzen des anderen. Es bezieht sich auch auf seine guten Absichten, es bezieht sich auf den Glauben an das Engagement für die gemeinsame Sache, eine damit verbundene Zielstrebigkeit und Verantwortlichkeit. Eine Gemeinschaft, die sich auf der Grundlage eines solchen breiten

Vertrauens zueinander bildet, zeichnet sich durch eine Besonderheit aus: Sie ist geprägt von etwas, das ich den natürlichen Zusammenhalt nenne.

Mein ältester Sohn hat nach der Realschule eine Malerlehre absolviert. Ich weiß noch gut, wie ich zum ersten Mal mit diesem Berufswunsch konfrontiert wurde. Am Frühstückstisch hatte er mich beiläufig informiert: „Ich mache mein Schulpraktikum übrigens bei dem Malerbetrieb gegenüber."
Ich hatte die Augenbraue gehoben und gefragt: „Hast du ernsthaft vor, Maler zu werden, oder ist es nur, damit du in der Praktikumswoche nicht so früh aufstehen musst?"
„Vielleicht auch das. Aber ich will es auch", hatte er gesagt.
„Wenn du meinst", hatte ich geantwortet und versucht, ihm meine Erschütterung nicht zu zeigen. Denn ich war wie selbstverständlich davon ausgegangen, dass alle meine Kinder Abitur machen und studieren würden. Es war ein echter Schock für mich und ich brauchte einige Zeit, um mich an den Gedanken zu gewöhnen.
Die Geschwister dagegen waren sich von Anfang an einig: Ihr Bruder würde schon wissen, was er tat.
Und sie hatten recht: Nach der Ausbildung hat er sich zwar zunächst von diesem Beruf abgewandt und das Abitur nachgemacht. Nach einiger Zeit des Ausprobierens hat er doch wieder zum Malerhandwerk zurückgefunden, wenn auch in einem anspruchsvollen Spezialbereich. Heute hat er seine eigene Firma und betreibt sie auf höchstem Niveau.
Er hat seinen ganz persönlichen Weg beschritten. Mit der Sicherheit im Rücken, dass die Familie ihn lässt und an ihn glaubt. Weil sie bedingungslosen Zusammenhalt bietet.

Es ist bezeichnend, dass auch der deutschen Weltmeister-Mannschaft ein besonderes Zusammengehörigkeitsgefühl nachgesagt wird. Die ZEIT spricht davon, dass sie sich fühlten als „Weltmeister aller Herkünfte, aller Formen von Familien".
Es waren jeweils nicht die einzelnen Superstars, die ihrem Team zum größten aller Triumphe verholfen haben. Ich finde es daher nicht erstaunlich, dass keiner der beiden Dauer-Weltfußballer der letzten Jahre, nämlich Cristiano Ronaldo und Lionel Messi, es je zu Weltmeisterschaftswürden gebracht hat. Den Unterschied macht bei solchen Turnieren nämlich nicht ein Einzel-

ner, sondern die Mannschaft – und zwar die Mannschaft, die einen starken Gestaltungswillen und einen natürlichen Zusammenhalt hat. So gelingt es immer wieder den vermeintlichen Underdogs wie Wales oder Griechenland, große Erfolge zu feiern, selbst wenn die einzelnen Spieler jeweils zwar gut, aber nicht wirklich herausragend sind.
Doch wie kommt eine solche Gemeinschaft zustande? Ist es das Kollektiv, das automatisch in jedem einzelnen Mitglied kollektivistische Gefühle und damit Zusammenhalt erzeugt? Führt die schiere Größe zum Zusammenhalt?

Bullenschätzung

Wenn eine Struktur groß ist, fängt sie mehr sich frei bewegende Teilchen ein und landet damit immer wieder auch Glückstreffer, wenn auch nur für eine gewisse Zeit. Dieser Effekt lässt sich an Unternehmen von 5 000 Mitarbeitern aufwärts ablesen. Unter diesen gibt es nämlich viele, die zwar an althergebrachter Führungskultur kranken, aber es dennoch schaffen, zumindest ein Stück weit zu funktionieren.
Und warum ist das so? Ich erkläre mir das mit dem Prinzip „Bullenschätzung“: Wenn Sie in der Fußgängerzone Passanten bitten, das Gewicht eines Bullen zu schätzen, und einige Tausend Menschen geben eine Zahl ab, dann wird die kumulierte Schätzung bis auf 1 bis 2 kg genau sein. So ähnlich stelle ich mir das auch bei diesen Unternehmen vor: Aufgrund ihrer Größe ziehen sie viele Bewerber an und darunter mehr oder weniger zufällig auch immer wieder interessante Leute. Sobald diese da sind, geben sie entscheidende Impulse, mit denen die Firma bestehen und sich weiterentwickeln kann. Doch bleiben diese guten Leute nie lange, weil sie sich in diesen Strukturen nicht entfalten können. So bleiben nur die Trägen. Diese können bestenfalls weiterführen, was andere initiiert haben – selbst Impulse erzeugen, können sie nicht.
Die kurze Zeit des Verweilens von guten Leuten reicht für eine Art Überlebensmechanismus aus: Im Durchschnitt machen es die paar Guten zusammen mit dem Rest im Durchschnitt irgendwie richtig. Das Resultat kann ordentlich sein, zu großartigen Leistungen führt diese Mischung allerdings nicht.
Deshalb haben diese Firmen zwar immer mal wieder interessante Innovationen. Ihr Funktionieren bleibt aber auf den Zufall angewiesen und ist auf Dauer unsicher.

Und doch kenne ich Firmen, die sich seit über fünfzehn Jahren auf diese Weise über Wasser halten: Sie sind zum Teil sogar Weltmarktführer und gelten als innovative Herzeige-Unternehmen. Das waren sie vielleicht in ihren Anfängen tatsächlich, heute leben sie nur noch von ihrem Ruf – eine nachhaltige Wachstumsdynamik entwickeln sie nicht mehr. Sie blähen sich auf wie die Dinosaurier vergangener Zeit: auf Quartalszahlen-Zuwächse ausgelegt statt auf langfristige Entwicklungen, von Glücksfällen getragen statt von durchdachten Strategien.

Wenn sich ein natürlicher Zusammenhalt nicht aus der Größe heraus entwickelt: Woher kommt er dann?

Die Wurzeln

Für den WM-Titel der deutschen Fußballnationalmannschaft 2014 gab es unterschiedliche Erklärungsansätze. Die Experten und die Presseleute sprachen von der erfolgreichen „Fahndung nach den eigenen Wurzeln“. Die Mannschaft selbst vermutete das Geheimnis darin, dass jeder sein Ego und seine Interessen zwar kannte, aber konsequent hinter dem Teamziel zurückgestellt hatte. Für die Fans waren es einfach lauter tolle Fußballer, die ein stimmiges Team gebildet hatten: Sie liebten jeden Einzelnen für seine Stärken.

Das führt auf eine Spur, denn in all diesen verschiedenen Beispielen steckt ein gemeinsamer Kern: Es geht beim Zusammenhalt nicht darum, dass zunächst die Gruppe etwas einbringt bzw. die Gemeinschaft etwas für den Einzelnen übernimmt. Sondern es geht darum, dass der Einzelne zunächst aus sich heraus etwas leistet.

Und das, was der Einzelne zu leisten hat, klingt im ersten Moment paradox: Sich auf sich bzw. die eigene Herkunft zu besinnen. Gleichzeitig gilt es, die Konzentration auf das Ich und die persönlichen Bedürfnisse hintanzustellen und stattdessen die Menschen im Team und das gemeinsame Ziel in den Mittelpunkt zu stellen.

Zusammenhalt geht also nicht von der Masse, sondern vom Einzelnen aus. Und wie sieht so ein Einzelner aus, der in einer funktionierenden Gemeinschaft agiert oder sie gar erschafft? Sind es Altruisten, die in ihrer Weitherzigkeit alle anderen wichtiger nehmen als sich selbst? Oder sind es geschickte

Manipulatoren, die den anderen vorgaukeln, dass das Teamziel ein gemeinsames ist, obwohl es nur den Interessen weniger dient?

Die Eigenschaften

Mein Freund Peter ist ein großartiges Beispiel für einen Menschen, der die Voraussetzungen für ein funktionierendes System schafft. Er ist Inhaber einer Metallverarbeitungsfirma mit 80 Leuten.

Es gibt vier Eigenschaften, die ihn besonders machen. Erstens weiß Peter immer, was er tun muss, um die Wirkung zu erzielen, die er braucht. Er denkt weit voraus: Nach meiner Kenntnis ist er einer der wenigen Autozulieferer, die sich schon seit Jahren auf die Umstellung auf Elektromobilität vorbereiten. Ihm ist klar, dass mit diesem Wandel 80% seines Kerngeschäfts wegbrechen werden, und er fängt heute schon an, über die nötigen Veränderungen nachzudenken. Dieses Vorausdenken ist ein typisches Kennzeichen von Menschen, die den Zusammenhalt kreieren können.

Dieses Vorausdenken fällt aber auch einem Peter nicht in den Schoß: Er hat es sich zur Gewohnheit gemacht, nachmittags 1,5 Stunden spazieren zu gehen. In dieser Zeit kommen ihm unglaubliche Erkenntnisse. Deshalb hat er die anfängliche Irritation der Mitarbeiter in Kauf genommen.

Zweitens schafft es Peter, sich in seinen Tätigkeiten auf die Bereiche zu beschränken, die er außergewöhnlich gut kann. Er versucht erst gar nicht, in seinem Unternehmen alles selbst zu regeln. Er hat das Vertrauen in seine Mitarbeiter, dass jeder von ihnen seinen Bereich besser erledigt, als er selbst es könnte.

Peters dritte Besonderheit ist seine Fähigkeit, Ideen, die er aus dem Vorausdenken gewinnt, auch umzusetzen. Er macht sich also nicht nur Gedanken über das, was sein Unternehmen tun muss, um auch in der Welt der Elektroautos bestehen zu können, sondern er geht heute schon Maßnahmen zur Vorbereitung an. Er wartet nicht ab, bis es brennt, sondern tut jetzt schon das, was zu tun ist.

Die vierte hervorragende Eigenschaft von Peter schätze ich besonders: Für alle Aufgaben, die er nicht selbst übernimmt, gelingt es ihm, die Menschen zu gewinnen, die sie optimal erledigen. Er hat die Gabe, nicht nur von außen die Richtigen dazuzuholen. Er entdeckt sie auch an den unterschiedlichsten

Plätzen in seinem eigenen Unternehmen: Er sieht Stärken auch bei Menschen, die scheinbar gering qualifiziert sind. Er traut ihnen etwas zu. Dadurch, dass er ihnen ihre Stärken bewusst macht, gibt er ihnen einen Fokus und setzt sie an die richtige Stelle. So erbringen sie ganz ungewöhnliche Leistungen für die Firma. Das macht den Mitarbeitern Freude, die Stimmung wird besser, die Produktivität wird besser, die Firma läuft besser, und das wiederum macht allen noch mehr Spaß.

Es sind also insgesamt individuelle vier Kennzeichen, die den Ausgangspunkt für ein funktionierendes System wie das von Peter markieren. Und wenn Sie sie aufdröseln, dann sind sie Ausdruck jeweils einer Grundkraft, die im Individuum angelegt ist.

1. Selbstreflexion

Wenn ich von Peter behauptet habe, dass „ihm immer etwas einfällt", dann liegt das daran, dass er viel nachdenkt. Ideen fallen nicht vom Himmel, Ideen werden von Menschen geboren, wenn diese lange genug mit ihren Gedanken schwanger gegangen sind – und das braucht Zeit. Wer sich keine Zeit zum Nachdenken erlaubt, der weiß weder über sich noch über andere Bescheid.

Denn die Selbstreflexion beschränkt sich nie auf das Ich alleine: Solange das Ich in der Welt steht, gehört das, was die Welt dem Ich spiegelt, ganz untrennbar mit in die Überlegungen hinein. Das Ich erkennt sich erst richtig über das, was gefühlt außerhalb von seinem Ich passiert.

Es kursiert eine Geschichte über Jogi Löw: Er habe nach einigen Jahren des schönen, aber brotlosen Fußballstils mit der Nationalmannschaft 2013 eine SMS von Urs Siegenthaler, der als Abgesandter des DFB beim Confed Cup war, bekommen. Darin forderte er Löw auf, „die Idee zur Seite zu legen". Gemeint war, dass der Bundestrainer endlich den reflektierenden Blick von der Idee der Schönheit im Fußball wegnehmen sollte hin zu dem selbstreflektierenden Blick auf die Frage, womit der deutsche Fußball erfolgreicher werden könne. Das bedeutete, die Spielweise der deutschen Mannschaft und der anderer erfolgreicherer Mannschaften zu analysieren und zu vergleichen. Beide Perspektiven, die auf die eigene Mannschaft und die auf andere, waren wichtig, denn zur Selbstreflexion gehört, sowohl sich selbst zu kennen als auch die Welt da draußen.

2. Fokussierung

Die Fokussierung richtet sich sowohl auf die eigenen Stärken als auch auf das, was zu tun ist. Die Erklärung dafür ist logisch: Wenn ich fünf gleichrangige Baustellen habe, dann kann ich jeder 20% meiner Energie widmen. Wenn ich dagegen ihre Zahl auf nur eine reduziere, kann ich die mit 100% der Energie vorantreiben – und die Erfolgswahrscheinlichkeit steigt drastisch. Das ist eine Tatsache, an die ich mich selbst im Laufe meines Lebens immer wieder erinnern muss. Als ich damals zum Beispiel einen Design-Studienplatz in Aussicht hatte und noch ein Jahr auf den Start warten musste, wälzte ich immer wieder alternative Möglichkeiten. Bis ein guter Freund mich anraunzte: „Wie kommst du nur auf so blöde Ideen? Design ist dein Ding, also mach das gefälligst." Wie gut, wenn man Freunde hat, die einen ab und zu wieder auf die Füße stellen und bei der Fokussierung helfen.
Und noch etwas habe ich bei dieser Gelegenheit gelernt: Wer selbst einen Fokus hat, kann viel leichter anderen einen Fokus geben. Wer einen Blick für Stärken entwicklet hat, kann ihn nicht nur bei sich selbst, sondern auch bei anderen anwenden.

3. Selbstwirksamkeit

Das ist die vielleicht vielschichtigste Kraft. Alle Ideen sind nämlich so lange Wolkenkuckucksheime, solange sie nicht verwirklicht werden. Da gehört schon eine gehörige Portion Kraft und Entschlossenheit dazu, aus Gedanken auch Taten zu machen.
Ich weiß es noch wie heute, wann mein Entschluss, mich mit meinem Design-Unternehmen selbstständig zu machen, wirksam wurde: Es passierte vor ziemlich genau 35 Jahren in einer moosgrünen Badewanne. Da lag ich in der dampfenden Stille und dachte mit geschlossenen Augen nach. Gewusst hatte ich es schon lange, dass ich irgendwann selbst für meine Leistung in die Verantwortung gehen würde. In diesem Moment löste sich ein einzelner Tropfen vom Hahn und klatschte gleich darauf auf die Wasseroberfläche. Ich schlug die Augen auf und war so weit: Meine Idee war startklar, ich war startklar. Es war der richtige Augenblick, um in die Wirksamkeit zu gehen und dort zu bleiben.

Und das Bleiben braucht übrigens mindestens genauso viel Kraft wie der Start. Denn durch die erste Umsetzung wird das, was Sie sich als Individuum gedacht haben, auf einmal sichtbar in der Welt – und damit auch angreifbar. Und nicht jeder wird Ihnen dafür begeistert Applaus spenden. Da braucht es Durchhaltevermögen.

Damit verfolgen Sie hartnäckig die Entwicklung Ihrer Idee. Und gleichzeitig verfolgen Sie Ihre eigene Entwicklung. Denn das eine geht nicht ohne das andere, wenn Sie auf Dauer wirksam werden wollen.

Dabei ist die Selbstwirksamkeit nichts, was einem zufällig und aus heiterem Himmel zufliegt. Sie ist ein Entschluss, den Sie nach reiflicher Überlegung und bewusst treffen und mit dem Sie die Verantwortung übernehmen: für sich und für Ihre Idee. Deshalb ist sie eng verknüpft mit der Selbstverantwortung.

Sie sehen also, dass diese Selbstwirksamkeit sich aus verschiedenen „Lagen" zusammensetzt: der Selbstinitiative, der Selbstverantwortung und dem Durchhaltevermögen. Das ist der Grund, warum sie so durchschlagend ist und weit trägt. Und das spürt jeder, der den Entschluss zur Selbstwirksamkeit fasst: Er spürt die Kraftfülle, die davon ausgeht – so wie ich in der moosgrünen Badewanne. Und diese Fülle wird auch im Umfeld spürbar.

4. Selbstvertrauen

Das Selbstvertrauen vervollständigt die Reihe der Kräfte und ist gleichzeitig eng verknüpft mit der Kraft der Selbstwirksamkeit.

Wer dieses Selbstvertrauen besitzt, wer an sich selbst und seine Möglichkeiten glaubt, der muss nicht erst tausend Hürden im eigenen Innern in Form von Ängsten und Zweifeln überwinden. Das spart Energien, die stattdessen potenziert in die Realisierung der Ideen gesteckt werden können.

Das Selbstvertrauen wirkt nach innen und auch nach außen. Wer es hat, strahlt es aus. Und erzeugt damit auch Vertrauen bei anderen. Denken Sie an einen Unternehmer, der einen neuen Produktzweig eröffnen will und seine Mitarbeiter und seine Bank davon überzeugen will, dass sie in diese Idee Vertrauen und Geld investieren. Er kann seine Visionen noch so gut darstellen, die Ideen können tragfähig und realisierbar sein – solange er daran nicht selbst glaubt und das in seiner Mimik und seiner Körpersprache nicht ausstrahlt, wird er sein Gegenüber dafür nicht wirksam begeistern können.

Und noch in anderer Form ist das eigene Selbstvertrauen in solch einer Situation nach außen wirksam: Wer sich selbst vertraut, der kann auch anderen etwas zutrauen. Das Vertrauen ist eine Grundhaltung der Welt gegenüber, es bleibt nicht auf die eigene Person beschränkt. Und nur wer anderen etwas zutraut, macht sie stark: stark für sich, stark für die Sache.

Gebündelte Energie

Es sind also vier Grundkräfte, die den Einzelnen befähigen, in einer funktionierenden Gemeinschaft mitzuwirken:

· die Kraft der Selbstreflexion
· die Kraft der Selbstfokussierung
· die Kraft der Selbstwirksamkeit
· die Kraft des Selbstvertrauens

Und diese vier Kräfte gehören zusammen. In ihrem Zusammenwirken formen sie eine gemeinsam wirkende Energie. Sie ist Voraussetzung, Grundlage und Bestandsgarantie für eine funktionierende Gemeinschaft. Ohne sie ist jedes System zur Erfolglosigkeit und über kurz oder lang zum Zerfall verurteilt.
Diese Energie entsteht und wirkt im Ich, aber sie wirkt auch nach außen. Sie übt Anziehung aus und trägt ihren Teil zum natürlichen Zusammenhalt eines Systems bei. Alles, was ins Außen geht, hat also im Innen seinen Ursprung. Und das ist auch in der Gesellschaft so: Im Ich liegt der Ursprung jeder funktionierenden Gemeinschaft.
Am Anfang jeglicher gemeinsamer Unternehmung von Menschen, jedes Systems, jedes Verbundes, jeder Firma, jedes Vereins, jeder Familie steht also die individuelle Energie.
Nur, wenn Menschen sich von dieser Energie getragen zusammentun, können Kreativität und Wachstum entstehen. Daran fehlt es uns in Deutschland. Deshalb ist die entscheidende Frage für unsere Zukunftsfähigkeit: Wie entsteht die Energie im Ich?

9

DER WEG

Die Macht der Frage

Frage: „Wie geht's?"
Antwort: „Und selber?"

Gespräch zur beiderseitigen Zufriedenheit beendet. Falls Sie antworten: „Na ja, im Moment nicht so gut", lässt das Interesse bereits dramatisch nach.
Echte Fragen fallen uns schwer. Wir sind wesentlich besser darin, Statements abzugeben. Der Klassiker ist der Stammtisch: Markige Aussagen fliegen hin und her, ohne dass es zu einem Austausch darüber kommt.
Denn für die einzelne Meinung interessiert sich keiner. Es protestiert auch keiner, wenn über sein Statement nicht gesprochen wird. Ich habe es selbst ausprobiert: Ich habe nicht reagiert. Doch das hat den anderen nicht gestört: Er hat nicht wirklich eine Reaktion erwartet.
Es lassen also alle die Meinungen im Raum verpuffen. Keiner stellt Fragen. Nicht einmal sich selbst. Doch genau das verhindert den ersten Schritt auf dem Weg zur Individualität.

Die Ratgeber-Verführung

Wer sich selbst keine Fragen stellt, wird sich nicht finden. Es hilft auch nichts, andere zu fragen. Es gibt zwar unendlich viele Ratgeber, die Antworten zu allen Fragen ihres Lebens bereithalten, doch das sind deren Themen, nicht die eigenen.
Der Einfachheit halber greifen die Menschen trotzdem gern auf deren Gedanken zurück. Sie machen sie sich zu eigen, denn selbst Ideen zu finden, ist mühsame Denkarbeit. Das ist das gleiche Phänomen wie bei der Meinungsbildung: Viele übernehmen gutgläubig das, was sie in den Nachrichten hören, als eigene Meinung. Sie sparen sich viel Zeit und Mühe dadurch. Doch treffen sie auf dieser Grundlage ihre Entscheidungen und beschreiten damit zwangsläufig einen Weg, der nichts mit ihnen zu tun hat.
Nur Fragen und Antworten, die sich jeder individuell erarbeitet hat, führen zum Erfolg. Das gilt für das Individuum wie sein Umfeld, die Wirtschaft und die Gesellschaft. Erst aus dem Hinterfragen des Status quo entsteht Dynamik.
Der Fließbandarbeiter, der sich keine Fragen stellt, steht in 40 Jahren noch dort und hat keine Idee, warum er unzufrieden ist. Der dagegen, der sich selbst fragt, wo er hinwill, entscheidet bewusst, ob er bleiben oder gehen möchte. Ein Hinterfrager ist ständig auf dem Weg der Weiterentwicklung. Ihm reichen zu Beginn dafür einfache Fragen wie „Was mache ich gut? Was mache ich gern? Was will ich in fünf Jahren tun? Womit geht es mir gut?“.
Doch warum hinterfragt der eine und der andere nicht?

Abtrainiert

Es ist keine Frage von Typ, Intelligenz oder anderen besonderen Fähigkeiten. Es ist eine Frage der geistigen Fitness und der Begeisterung, eigene Fragen zu finden. Beides wird von klein auf erschwert.
Für Eltern ist es lästig und zeitraubend, wenn Kinder viele Fragen stellen. Das passt nicht in einen eng getakteten Alltag: Wenn ich sehe, unter welchem Zeitdruck viele Kleine schon morgens in den Kindergarten gebracht werden, dann weiß ich: Da kommt die Förderung kindlicher Wissbegier zu kurz.

Und auch die Schule trainiert die Kinder nicht darauf, Fragen zu stellen. Sie werden sogar abgestraft, wenn sie „falsche" Fragen stellen. Wenn der Lehrer sagt: „Die Fragen stelle ich!", ist klar: Er empfindet das als Störung seines Unterrichts. Entweder weil die Frage ihn in seinem Stoff für die Stunde nicht weiterbringt oder weil sie ihn verunsichert.

Ein ähnliches Desaster zeigt sich im Umgang mit Antworten: Das Bildungssystem belohnt denjenigen, der die vorgefertigten Antworten am besten auswendig lernt. Mit einer selbst erarbeiteten Antwort, die vom Standard abweicht, hat das Kind von vorneherein verloren – selbst wenn sie noch so richtig ist. Seine Lösung wird keines Blickes gewürdigt, auch weil er „nur" ein Schüler ist.

Das setzt sich in den Unternehmen fort: Wenn Sie eine Idee haben, die nicht zu Ihrem Fachgebiet gehört, stoßen Sie damit nicht auf Interesse. Bestenfalls ernten Sie Reaktionen wie „Woher willst du das wissen? Du hast davon keine Ahnung" oder „Das ist nicht dein Bereich". Die Frage- und Antwortkompetenz wird abtrainiert statt gefördert. Das hat Folgen …

Erst mit Methode

Sich Fragen zu stellen, ist Übungssache. Die Überwindung und die Anstrengung nehmen ab, je häufiger Sie sich damit beschäftigen.

Dabei gibt es verschiedenste Methoden, mit denen Sie schneller auf interessante Fragestellungen kommen. Die helfen bei der Entwicklung von neuen Ideen genauso wie bei der Entwicklung von Fragen an sich selbst.

Wenn wir zum Beispiel ein neues Design-Projekt starten, dann identifizieren wir zunächst *alle* Einflussfaktoren. Ist einer der Einflussfaktoren der Vertrieb, stellen wir uns viele Fragen, die den Vertrieb betreffen, zum Beispiel: „Was ist das Hauptverkaufsargument dieses Produktes?" und „Wie unterscheiden wir uns vom Wettbewerb?". Dazu lassen wir uns zehn, 20 oder 50 Fragen einfallen. Über die Jahre haben wir so einen umfangreichen Fragenpool entwickelt, der je nach Projekt ergänzt wird.

Dieses Prinzip lässt sich auf jedes Vorhaben anwenden, auch im privaten Bereich. Wenn Sie zum Beispiel auf der Suche nach dem richtigen Beruf sind, überlegen Sie sich zunächst die Segmente, die Erfolg versprechend sind. Diese erforschen Sie mit klugen Fragen.

Wollen Sie Unkraut jäten, dann sehe ich zwei grundlegende Strategien für die Vorgehensweise. Die erste: Sie gehen spontan in den Garten und fangen mit dem alten Löffel, den Sie zufällig in der Hand halten, beim ersten Löwenzahn an. Im Blick haben Sie nur die 10 Quadratzentimeter, die Sie gerade bearbeiten. Nach einer Stunde sind Sie frustriert, weil Sie keinen Fortschritt sehen, und werfen den Löffel hin, bevor Sie an eine entscheidende Stelle kommen.

Mit der zweiten Strategie verschaffen Sie sich erst einen Überblick. Sie identifizieren die wichtigsten Areale und anstehenden Aufgaben. So können Sie einschätzen: Welche Werkzeuge brauchen Sie, wie viel Zeit müssen Sie investieren und wo fangen Sie an? Und innerhalb einer Stunde sind Sie Ihrem Ziel wesentlich näher.

Neben dieser Segment-Methode nutzen wir noch weitere Techniken, um ans Ziel zu kommen. Wir picken zum Beispiel ein Thema heraus und nehmen uns vor, mindestens 20 Fragen dazu zu formulieren: Bei den ersten fünf oder sechs gibt es noch kein Problem, doch spätestens bei der zehnten wird es zäh. Ab dem Punkt wird es auch spannend: Denn die ersten Fragen sind die, die jeder stellt. Die Standard sind und zu Standardantworten führen. Die Fragen, die uns weiterbringen, kommen erst mit dem Nachdenken.

Manchmal, wenn ich auf der Suche nach einer Idee keinen Einstieg finde, nutze ich diese Methode: Ich setze mich hin und schreibe auf: „Ich habe keine Idee." Das bringt mich nach außen hin nicht weiter, doch entscheidend ist, dass ich nicht aufhöre zu schreiben. Selbst wenn dann zehnmal auf dem Papier steht: „Ich habe keine Idee" und auch noch „Der Lärm da draußen stört". Es kommt zuverlässig der Punkt, an dem ich kreativ werde. Das funktioniert auch bei der Entwicklung von Fragen.

Doch unabhängig davon, welche Methodik ich einsetze: Ich bin mir im Klaren darüber, dass diese mir immer nur die ersten 80% der Fragen liefern.

Die spannenden 20%

Leider erlebe ich es oft, dass Menschen in der Methodik stecken bleiben und nicht zu den wirklich interessanten Fragen vordringen. Zu denen, die über den Standard hinaus und zu dem Jahrhundertgedanken führen können.

Solche Fragen sind selten rational. Mit rationalen Fragen erhalten Sie mit großer Sicherheit gute Ergebnisse. Sehr gute Ergebnisse erreichen Sie dagegen nur, wenn Sie darüber hinausgehen. Das ist mühsam, weshalb eine Freude am Fragenstellen die persönliche Voraussetzung dafür ist. Denn es gilt jedes Mal, noch mehr Ideen für noch bessere Fragen obendrauf zu packen.

Um herauszufinden, welche Fragen wir uns *noch* stellen können, haben wir die verschiedensten Kreativmethoden getestet, zum Beispiel Brainstorming und die 6-3-5-Methode. Heute setzen wir ganz auf die Macht der Frage. So überlegen wir uns zum Beispiel, was passieren würde, wenn die Maschine so klein wie eine Kaffeebohne wäre. Oder wenn sie im Garten wachsen würde. Wir überlegen uns, welche Fragen sich Bud Spencer zu dem Thema stellen würde. Oder Donald Duck. Oder Nelson Mandela. Oder was eine Maus sich fragen würde, wenn sie aus ihrem Loch lugt und auf das Thema blickt? Das klingt verrückt, führt aber zu ganz neuen Ansätzen.

Unsere Kunden sind zu Beginn oft sehr irritiert, was das soll. So warf ich bei einem Workshop mit dem Vorstand einer führenden Maschinenbaufirma viele Fragen auf. Und er fragte: „Herr Schmid, was wollen wir *nicht* betrachten?" Ich antwortete: „Wir wollen *alles* betrachten." Er schaute mich an und erwiderte: „Auch Religion?" Ich lachte und sagte: „Gute Idee. Welchen Einfluss hat die Religion auf die zukünftige Maschine, über die wir sprechen?"

Die Irritation ist wichtig, denn wir holen die Beteiligten damit von ihrem Tagesgeschäft ab und versetzen sie in eine andere Denksphäre. Im Alltag arbeiten alle mit vorgefertigten Erwartungen und mit vorgefertigten Zeitplänen, also zu 99% auf Autopilot. Doch der Schalter vom unkreativen zum kreativen Arbeiten legt sich niemals von alleine um.

Die Bezeichnung „Autopilot" ist nicht abwertend gemeint. Selbst die Tätigkeit als Designer besteht zu 80% aus Tagesgeschäft. Alles andere wäre auch mörderisch: 80% kreativer Anteil überfordert jeden. Wenn Sie alles geben, dann sind Sie nach vier Stunden Kreativmeeting völlig erledigt. Sind Sie es nicht, haben Sie nicht alles gegeben.

Es gibt also 1000 Strategien, wie Sie an die richtigen Fragen kommen. Und dann?

Fragen über Fragen

Wenn Sie gut sind, dann haben Sie sehr viele Fragen entwickelt. Zu viele, um über alle gleichzeitig intensiv nachzudenken. Sie würden sich hoffnungslos verzetteln.

Deshalb gilt es, im nächsten Schritt diese Fragen zu priorisieren: Ist Ihnen bei der Berufswahl die Frage „Was kann ich besonders gut?" wichtiger als diese: „Was kann ich verdienen?" Oder ist es umgekehrt?

Diese Priorisierung kann Ihnen keiner abnehmen, denn sie ist Teil Ihrer Identitätsfindung. Sie lernen viel über sich, wenn Sie erkennen, welche Fragen Sie bewegen.

Was Ihnen auch keiner abnehmen kann: den richtigen Zeitpunkt für das Hinterfragen festzulegen. Doch bedenken Sie, dass dieser Denkprozess nicht parallel zum Tagesgeschäft zu bewältigen ist. Haben Sie sich zum Beispiel entschlossen, Torwart zu sein, weil Sie darin gut sind, dann hinterfragen Sie diesen Entschluss besser nicht, während Sie zwischen den Pfosten stehen. Planen Sie kreative Auszeiten ein, in denen Sie sich fragen: Ist dies noch die richtige Position, der richtige Verein, die richtige Zeit?

Bei den meisten Menschen sehe ich jedoch nicht ein Zuviel, sondern ein Zuwenig an Hinterfragen. Denn sie scheitern oft schon an den Hindernissen, die sich gleich zu Beginn des Weges zur Individualität aufbauen …

10

DIE HINDERNISSE

Gefahr erkannt, Gefahr umgangen

Die Gefahr, beim Hinterfragen zu scheitern, ist erheblich, weil zwei Hindernisse diesen Einstieg in die Individualität versperren. Bei dem einen sind sie größer, bei dem anderen kleiner. Vorhanden sind sie bei jedem.
Den beiden gemeinsam ist, dass sie auf den ersten Blick unsichtbar sind und sich nicht mit einem einzigen Kraftakt vom Weg entfernen lassen. Und doch sind sie nicht unüberwindlich, denn wer die Hindernisse bewusst erkennt, der findet auch eine Möglichkeit, sie zu umgehen.

Hindernis Nr. 1

Das, was uns spontan einfällt, ist nichts anderes als Standard. Das ist den meisten Menschen nicht bewusst – und schon bleiben sie an diesem ersten Hindernis hängen: Sie entwickeln diesen Ideen gegenüber kein Misstrauen und geben sich damit zufrieden.
So wie mein Klassenkamerad, der mit der damals sensationellen Abiturnote von 1,2 abgeschnitten hatte. Als ich ihn fragte, was er für einen Berufs-

wunsch hat, antwortete er: „Blöde Frage. Ich werde natürlich Arzt. Mit der Note muss ich das ja machen.“ Eine eigene Idee sieht anders aus.
Die ersten Gedanken sind immer die naheliegendsten. Die liegen deshalb so nah, weil wir sie schon hundert- oder tausendmal gehört haben. Wir erkennen sie nicht mehr als fremde Ideen, weil wir uns so an sie gewöhnt haben.
Wir sind so verwachsen mit diesen Gedanken, dass die Unterscheidung schwierig wird: Ist dies meine eigene Vorstellung oder Frage? Oder stammt sie von anderen?
Und noch eine Unterscheidung gibt es: Ich habe in den letzten Jahrzehnten bestimmt 30 Bohrmaschinen designt. Wenn ich nicht an jede einzelne wie an ein neues Projekt herangegangen wäre, wäre ich sicher in meinem eigenen Standard hängen geblieben. Denn Menschen entwickeln sich weiter. Bleiben sie beim Hinterfragen bei ihren Gedanken von gestern hängen, dringen sie nicht zu ihren Fragen von heute durch.
Sosehr wir uns an die Denkweisen anderer gewöhnen können, sie bleiben uns doch fremd. Selbst alte eigene Denkweisen werden uns fremd. Sie haben nichts mit dem zu tun, wie wir jetzt sind.
Deshalb haben auch die Antworten und Entscheidungen, die darauf beruhen, nichts mit uns und unserem zukünftigen Weg zu tun. Die Unterscheidung ist also wichtig. Sie ist auch machbar, denn es gibt zwei untrügliche Zeichen dafür …

Erkannt

Ich kenne viele Menschen, die sich Vorbilder suchen: Sie bewundern sie, sie wollen so sein wie die. Deshalb interessieren sie sich sehr dafür, welchen Weg diese Helden gewählt haben und was deren Erfolg ausmacht, um es genauso zu machen. Damit stellen sie die grundfalschen Fragen: Jeder hat seine eigenen Themen. Wer sich an den Themen anderer ausrichtet, findet garantiert nicht seinen Weg. Das Schielen nach den anderen ist deshalb das erste Kennzeichen.
Das zweite und noch deutlichere Zeichen ist das Glücksgefühl, das Sie spüren, wenn Sie eine gute eigene Frage, eine gute eigene Idee gefunden haben. Sie empfinden tiefe Befriedigung und Energie.

Haben Sie dieses Gefühl bei einem neuen Gedanken nicht, ist es nicht Ihrer oder er ist nicht gut. In beiden Fällen dürfen Sie ihn getrost beiseitelegen.
Das trifft nicht nur für Einzelideen zu: Oft steckt der spannende Schritt nicht in der einen Frage oder Antwort. Die kann für sich Standard sein. Die Innovation kommt mit der neuen Kombination.
Es gibt kaum etwas ganz und gar Neues auf dieser Welt. Es bleiben dieselben Dinge, doch von einer anderen Perspektive her betrachtet. Dieselben Realitäten in einen neuen Zusammenhang gebracht oder in ein neues Umfeld gestellt, lassen Innovation entstehen. So haben wir den allerersten Mini-Akkuschrauber auf diese Art entwickelt: Akkuschrauber gab es bereits und den Trend zur Miniaturisierung auch. Doch die Kombination ergab ein innovatives Produkt – so etwas macht glücklich.

Uneffektives Glück

Dieses Glück ist eine andere Empfindung, als wenn Sie zum Beispiel nach Anleitung einen Teppich knüpfen oder ein Puzzle zusammenfügen: Danach sind Sie mit sich zufrieden. Aber glücklich und energievoll sind Sie nicht. Deshalb sind solche Beschäftigungen für mich Negativtätigkeiten: Da ist mir meine Zeit zu schade.
Mein Vater hat früher oft zu mir gesagt, wenn ich mir ein neues Gerät erschlossen habe: „Mensch, schau halt in die Anleitung." Doch ich habe geantwortet: „Warum? Der Weg dahin ist doch das Interessante."
Ich nutze auch nicht gerne die Inhaltsverzeichnisse von Büchern, wenn ich eine bestimmte Information suche. Ich blättere lieber danach. Das ist nicht die effektivste Herangehensweise: Es dauert ewig, bis ich die richtige Stelle gefunden habe. Während des Blätterns bin ich jedoch auf viele interessante Themen gestoßen, die mir ansonsten entgangen wären. Das ist mir die investierte Zeit wert, denn ich spüre die Energie neuer Inspiration.
Anhand der beiden Zeichen erkennen Sie also, ob Sie noch am ersten Hindernis hängen oder ob Sie Ihren Weg darum herum gefunden haben. Auf diese Zeichen zu achten, bleibt eine kontinuierliche Aufgabe, denn der Standard schleicht sich immer wieder ein.
Und auch das zweite Hindernis ist ein Dauerproblem …

Brocken Nr. 2

Sich selbst zu hinterfragen und eigene Antworten zu entwickeln, ist wie Goldgräberei: Wir finden trotz aller Anstrengung selten sofort etwas. Und wir scheitern häufiger, als dass wir gewinnen.
Um das aushalten zu können, brauchen wir die Fähigkeit der Frustrationstoleranz. Die besteht auf der einen Seite aus Geduld und Hartnäckigkeit, auf der anderen Seite aus dem Selbstvertrauen, dass wir es schaffen werden, das Gesuchte zu finden.
Dabei hilft es, Misserfolge in ein anderes als das Standardlicht zu rücken. Thomas Alva Edison hat über seinen Entwicklungsprozess bei der Glühbirne gesagt: „Ich bin nicht gescheitert – ich habe 10.000 Wege entdeckt, die nicht funktioniert haben." Wer an Fehlern leidet, hat sie missverstanden: Es sind Lektionen, die Gelegenheit bieten, zu lernen und auch Energie zu tanken.
Von Edison stammt auch das Zitat: „Unsere größte Schwäche liegt im Aufgeben. Der sicherste Weg zum Erfolg ist immer, es noch einmal zu versuchen." Ein kluger Mann.

Vor-Hindernis

Viele behaupten von sich selbst, sie seien nicht kreativ. Der wahre Grund für ihre Unkreativität ist, dass sie zu früh aufhören. Sie sind nicht entschlossen genug. Sie sind sich dessen nicht bewusst oder wollen es nicht wissen. Und so versteinert die Schutzbehauptung mit der Zeit zum Glaubenssatz.
Damit legen sie sich vor das wahre Hindernis „Wenig Frustrationstoleranz" ein weiteres. Das versperrt ihnen die Sicht auf das zugrunde liegende Problem und es fällt ihnen noch schwerer, es anzugehen.
Das ist fatal, denn Frustrationstoleranz ist – wie das Hinterfragen auch – Übungssache. Sie kann nur vermehrt werden, wenn es gelingt, den Frust auszuhalten. Das anschließende Erfolgserlebnis lässt die Toleranz für das nächste Mal wachsen. Mit jeder Erkenntnis, dass Hartnäckigkeit sich auszahlt, wird die Toleranz gegenüber Rückschlägen größer.
Es ist ein guter Trick, dass Sie immer, wenn Sie ans Aufgeben denken, sich vorher bewusst prüfen: Kneife ich oder habe ich wirklich keine Chance? Hänge ich am üblichen Hindernis oder geht es wirklich nicht weiter?

Der Anfang hin zur Individualität ist gemacht: Das Hinterfragen ist angestoßen, bei jedem eigenen „Fund" wird positive Energie gewonnen. Diese ist nötig, denn wer denkt, dass ab jetzt alles leichter wird, der irrt …

11 DIE ENT-SCHEIDUNG

Dafür und Dagegen

Die Deutschen leiden nicht unter Ideenmangel. Auch wenn zu viele Standardgedanken und zu wenige individuelle Ideen dabei sind: Auf diesem Gebiet gibt es keinen Engpass. Deshalb verstehe ich den Hype um Methoden wie Design Thinking nicht. Es wird suggeriert, dass mit dem Finden der Idee der entscheidende Punkt bereits erledigt ist.
Dabei wird völlig unterschätzt, wie anspruchsvoll das ist, was danach kommt: die Selektion.

99

Ich sehe es an den Berufsanfängern bei uns im Unternehmen: In den ersten ein oder zwei Jahren produzieren sie unglaublich viele Ideen. Immer wieder werfen sie einen Blick auf ihren eigenen Ideenberg und stellen fest: Sie können sich nicht für eine entscheiden. Und aus ihrer Unsicherheit heraus produzieren sie noch mehr Ideen.

Denn sich unter 100 Ideen eine einzige auszusuchen, heißt vor allem, die 99 anderen zu verwerfen. Leicht fällt uns das nur bei den Ideen, die wir von vorneherein für entbehrlich halten. Die echte Selektionsarbeit fängt jedoch erst danach an, wenn es an die Dinge geht, von denen wir uns nur ungern trennen.

Das ist ein anstrengender und schmerzhafter Prozess von Trennung und Verantwortungsübernahme. Inzwischen habe ich bei einer Podiumsdiskussion erfahren, dass einer der Erfinder von Design Thinking, David Kelley von IDEO, das genauso sieht wie ich: Nicht die Ideenfindung ist das größte Problem. Doch wird seine Methode heute anders gehandhabt.

Ich erlebe die Versuchung, sich vor Entscheidungen zu drücken, im Kleinen jeden Sommer selbst: Ich frage mich, ob ich meinen Rasen gießen soll oder nicht. Will ich ihn der Natur überlassen oder bevorzuge ich ein durchgehendes saftiges Grün. Ich merke, dass ich keine Lust und keine freie Energie habe, mich zu entscheiden. Also lasse ich die Entscheidung ganz.

Da zeigt sich das Problem: Wer sich nicht selbst entscheidet, für den entscheidet ein anderer. Im Fall meines Rasens ist es das Wetter, das bestimmt, ob und wann mein Gras grün ist. Ich bin mir bewusst, dass ich damit leben muss – ich beschwere mich nicht darüber.

Wenn sich allerdings keiner für die beste Idee aus den 100 entscheidet, dann hat das schlimme Folgen: Dann setzt sich der durch, der sich immer durchsetzt – der Standard. Und der Ideengeber fühlt sich als Opfer, weil die Dinge nicht nach seinen schönen Vorstellungen laufen.

Mit den persönlichen Fragen und Ideen ist das nicht anders: Wenn ich mich nicht selbst für einen Weg unter den vielen meiner möglichen entscheiden kann, dann entscheidet mein Umfeld mit seinen Erwartungen darüber, wohin mein Weg geht. Meiner ist es nicht.

Das Entscheidende

Für eine gute Entscheidung gibt es eine unverzichtbare Voraussetzung: Sie braucht eine klare Zielsetzung. Denn wenn Sie ein Urlaubsziel suchen, aber denken: „Eigentlich ist es mir ganz egal, wo ich mich entspanne“, dann werden Sie keine Entscheidung fällen. Entweder Sie bleiben unfreiwillig zu Hause, weil Sie dann mit Ihrer Buchung zu spät dran sind, oder Sie landen mangels Entschluss da, wo Sie jedes Jahr hinfahren.

Im Grunde gibt es keine guten oder schlechten Ideen, es gibt nur richtige und falsche. Das, was über richtig oder falsch entscheidet, ist das Ziel. Ohne Ziel ist jede Idee gut und richtig – und damit vollkommen beliebig. Wenn Kriterien und Messbarkeit fehlen, lassen sie sich nicht selektieren. Dann können Sie nur würfeln: Eine Selektion per Zufall hat mit individueller Entscheidung nichts zu tun und entfacht auch keine Energie.

Steht zum Beispiel die Berufswahl an und Sie haben drei Berufsfelder ins Auge gefasst: Architekt, Zimmermann und Anwalt, sammeln Sie für die Diskussion mit sich selbst, welche Besonderheiten diese drei Berufe auszeichnen. Im Design-Bereich nennen wir das die Ermittlung von Erkenntnisquellen: Sie suchen gezielt nach Informationen, die Sie für Ihre Entscheidung brauchen. Sie können zum Beispiel dazu lesen, im Internet recherchieren oder Menschen befragen, die die Berufe ausüben.

Die Bewertbarkeit der Ideen anhand der Informationen funktioniert allerdings erst, wenn Sie sich vorher im Klaren sind, was Ihnen wichtig ist: Finden Sie es großartig oder schrecklich, bei Wind und Wetter draußen körperlich gefordert zu sein? Oder auf Abruf Ideen liefern zu müssen? Oder ständig Paragrafen zu wälzen?

Der Engpass

Eine Möglichkeit, eine konkrete Zielsetzung zu ermitteln, geht über die Suche nach dem größten Engpass. Der ist in vielen Fällen deckungsgleich mit dem größten Potenzial.

Stellen Sie sich ein Holzfass vor, das aus verschieden langen Latten gefertigt ist. Es ist logisch, dass das Wasser immer an der Stelle der niedrigsten Latte herausläuft. Das ist Ihr Engpass. Sie können die anderen Latten beliebig verlängern: Das Fass wird dadurch nie mehr Wasser fassen können. Wenn Sie hart und immer härter arbeiten und trotzdem nicht erfolgreich sind, dann haben Sie sich noch nicht für die Arbeit an der richtigen Latte entschieden.

Bei der Idee zum Mini-Akkuschrauber hatten wir Gewicht und Größe als den entscheidenden Engpass erkannt. Wäre dieser Fokus nicht identifiziert worden, wäre es nicht zu diesem Ansatz gekommen. Deshalb legen Sie das Ziel am besten noch vor allem anderen fest …

Der Anforderungen Kern

Eine konkrete Zielsetzung ist entscheidend, um im Vorfeld der Ideenfindung gute Fragen zu sammeln. Damit lassen sich Kernanforderungen erarbeiten, mit denen Sie sowohl die Ideen zielgerichtet entwickeln als auch im Nachgang selektieren können.
Ein erfahrener Manager hat mir vor vielen Jahren gesagt, dass er sich bei jeder Entscheidung auf nie mehr als drei Anforderungen fokussiert. Ich kann das nachvollziehen: Jedes zusätzliche Kriterium erhöht die Komplexität und bremst so den Gedankenfluss. Wir beschränken uns bei der Ideenfindung deshalb ebenfalls auf ungefähr drei: Die können wir noch souverän handhaben. Das ist wie beim Jonglieren: Mit einem Ball kann es jeder, doch mehr als drei Bälle in der Luft zu halten, ist schwierig. Jedes Kriterium bindet gedankliche Kapazität, die dem kreativen Prozess dann fehlt.

Diese drei Kriterien legen wir zugrunde, wenn wir an die Selektion unserer Ideen gehen. Wir gehen dabei systematisch in drei Schritten vor:

1. Zunächst strukturieren wir alle Ideen nach einer sinnvollen Ordnung. Die eine Gruppe erfüllt zum Beispiel Kriterien der kostengünstigen Herstellung optimal, die zweite die der Wettbewerbsdifferenzierung, die dritte die hochwertige Produktwirkung.
2. Dann priorisieren wir und selektieren die zehn Besten.
3. Aus diesen Top Ten favorisieren wir eine: Welche ist *die* beste Idee?
   Für diese Idee entscheiden wir uns sehr bewusst, denn nur aus einer solchen Entscheidung entsteht ausreichend Energie für die nächsten Schritte. Die meisten Entscheidungen auf dieser Welt werden jedoch auf andere Weise getroffen …

Das Feldhasen-Prinzip

Es gibt zwei Sorten von Entscheidungen: die bewussten und die unbewussten. Bei der bewussten Entscheidung weiß ich, auf was ich mich einlasse. Bei der unbewussten, impulsiven und emotionalen Entscheidung habe ich mir keine Gedanken über die Konsequenzen gemacht.

Wer impulsive Entscheidungen trifft, verhält sich wie ein Feldhase. Der sitzt nichts ahnend in einer Ackerfurche. Plötzlich wird er von einem Traktor aufgeschreckt, rennt blindlings los, bis das Motorengeräusch weit weg genug ist. Er denkt: „Uff, geschafft!“ Doch ist er bei seiner Flucht auf der Straße gelandet, läuft fast in ein Auto, schlägt gerade noch einen Haken und rennt wieder irgendwohin, bis er sich in Sicherheit glaubt. Erneut denkt er: „Uff, geschafft!“ Bis er sich umdreht, dem Fuchs gegenübersteht und rennt …

So ist der Feldhase den ganzen Tag atemlos unterwegs. Seine impulsiven Entscheidungen entstehen aus Stress heraus und verursachen noch mehr Stress.

Die Nulllinie

So hetzen viele Menschen als Feldhase durch ihr Leben. Vor ein paar Tagen habe ich mit einem meiner Kinder ein Gespräch geführt über den Stress, den er mit den permanenten Schwankungen seines Kontostands hat. Er sagte mir: „Ich achte darauf, dass ich nicht unter null gerate.“

Ich erwiderte: „Was ist bei dir null?“

Er sah mich stirnrunzelnd an und antwortete: „Natürlich wenn kein Geld mehr auf dem Konto ist.“

Und ich fragte zurück: „Wieso ‚natürlich‘? Wer hat das festgelegt?“

Er sagte entnervt: „Das sieht man doch: Wenn da eine Null steht, ist nichts mehr drauf.“

Ich: „Du könntest deine persönliche Nulllinie einführen: Du ziehst sie zum Beispiel da, wo 5000 steht. Das sind auch drei Nullen. Und die Gefahr, dass du ins Minus gerätst, ist ungleich geringer und du reagierst viel entspannter.“

Die impulsiv gesetzte Nulllinie ist der Standard, jede individuell gesetzte Nulllinie ist eine bewusste Entscheidung nach eigenen Maßstäben. Die eine Variante macht Stress, die andere entspannt …

Gebündelte Energie

Bewusste Entscheidungen verschaffen mir Entspannung, denn ich mache einen Schritt nach dem anderen. Ich habe die nötigen Kompetenzen und Ressourcen zur Verfügung gestellt. Ich kann beurteilen, wo ich auf meinem Weg zum Ziel stehe. Atemlos bin ich nie. Deshalb habe ich auch durchgehend die Ruhe, die Situation wahrzunehmen und einzuschätzen.
Die bewussten Entscheidungen vermeiden nicht nur den sinnlosen Energieverlust der impulsiven Aktionen. Sie bündeln auch die vorhandene Energie und verleihen ihr so mehr Wirkung.
Denn die bewusste Entscheidung hat im Gegensatz zur impulsiven eine positive Wirkung.
Den Unterschied erlebe ich auch bei Unternehmen. Gerade beim Thema Design entscheiden einige Firmen sehr spontan, dass sie das ab jetzt brauchen. Die Entwicklung und Implementierung soll aber bitte nebenher laufen, schnell gehen, wenig kosten und weder Mühe noch Probleme verursachen. Wenn dann doch Schwierigkeiten auftauchen, dann liegt das an der Unfähigkeit des Designers. Oder daran, dass „Design halt doch nichts bringt" – was die Standard-Feldhasen bereits prophezeit hatten.
Für das, was wir machen, muss ein Unternehmen sich bewusst entscheiden: Es muss genau wissen, was es mit dem Design erreichen will, welche Konsequenzen das im Prozess hat sowie welche Ressourcen und welche Kompetenzen gebraucht werden, um dieses Design auch zu realisieren. Unter diesen Voraussetzungen kann eine Entscheidung auch die Wirksamkeit entfalten, die damit beabsichtigt ist.

Und doch entscheiden immer weniger Menschen bewusst …

Feldhasen-Entmündigung

Die wachsende Komplexität der Themen um uns lässt immer mehr Menschen in die unbewusste Entscheidungsfalle geraten. Denn sie haben das Gefühl: „Ich kann das in dieser Komplexität eh nicht erfassen, also bringt es auch nichts, es zu Ende zu denken." Das ist die Ursache dafür, dass die Entscheidungsfindung nach dem Feldhasen-Prinzip überhandnimmt.

Tatsächlich drücken sich die Menschen damit um ihre höchste individuelle Entscheidung, welche Themen ihnen in ihrem Leben wichtig sind.
Es ist richtig, dass es schon lange nicht mehr möglich ist, sich zu jedem und allem gründlich zu informieren. Doch deshalb das Handtuch ganz zu werfen, ist der Ausdruck von Bequemlichkeit. Und die explizite Aufgabe der Selbstbestimmung. Denn der Komplexität lässt sich sehr wohl begegnen: Wenn Sie sich von einem klaren Ziel und einer geradlinigen Strategie leiten lassen, unterscheiden Sie auch im Alltagstrubel Wichtiges von Unwichtigem. Doch die Feldhasen verzichten auf eine Strategie und entmündigen sich selbst.
Dabei ist die bewusste Entscheidung für eine Idee, ein Thema, ein Ziel für das Energielevel des Einzelnen von sehr großer Bedeutung. Diese Energie wird umso mehr gebraucht, da die Entscheidung am Anfang eines noch größeren Kraftaktes steht …

12

DIE KONSEQUENZ

Dranbleiben

Entscheidungen, denen keine Umsetzung folgt, sind nutzlos. Sie sind sogar kontraproduktiv: Die meisten dieser nicht umgesetzten Entscheidungen werden nicht aktiv beiseitegelegt, sondern gehen einfach unter. Dann sind sie im Unterbewusstsein noch vorhanden und bringen sich von Zeit zu Zeit anklagend in Erinnerung. So saugen sie laufend Aufmerksamkeit und Energie ab. Ich habe einen Freund, der mir seit vielen Jahren erzählt, dass er den Hubschrauber-Flugschein machen möchte. Fliegen ist für ihn das Höchste. Doch immer wenn ich ihn treffe, berichtet er von einem anderen Grund, der ihn gerade daran hindert. Der Job, die Zeit, das Geld. Er verschiebt seinen Traum permanent nach hinten. Ihm ist inzwischen bewusst, dass er ihn nie verwirklichen wird. Doch er steckt nach wie vor viel Energie in die Illusion, anstatt andere Themen zu realisieren. Sein Traum vom Fliegen blockiert alle anderen Möglichkeiten.

Illusionen haben Verstopfungscharakter. Es ist wie in einem Stau, wenn ganz vorne einer steht, der nicht losfährt. Der Stau löst sich erst auf, wenn die Illusion begraben oder doch in die Tat umgesetzt wird. Wenn die Umsetzung angegangen wird. Dann erst findet die Energie ihren Weg in die Wirkung. Deshalb ist die Phase der Umsetzung die Bewährungsprobe, in der sich Macher von Wollern abheben. Die Unterschiede zeigen sich schon im Kindesalter: Die Woller sehen etwas, sind begeistert und wollen es unbedingt tun oder haben. Sie denken lange darüber nach, malen sich aus, wie es ist, wenn es fertig ist, schwelgen in Träumen. Die Macher dagegen machen es einfach.

Perspektive wird Realität

Idee und Entscheidung sind nicht mehr als das Aufzeigen der Möglichkeiten der zukünftigen Perspektiven. Erst die Umsetzung macht aus Perspektiven Realität. Bei einem Athlet, der sich für das Ziel Olympiamedaille entschieden hat, kann das jeder nachvollziehen: Ab dem Moment der Entscheidung geht es erst richtig los.
Doch viele Entscheidungen werden zu Illusionsmumien, weil die Menschen nicht realisieren, dass ihnen die Phase der höchsten Energieleistung noch bevorsteht. Das gilt für alle großen Entscheidungen, gerade wenn es um etwas Neues geht. Das „Neue" muss nicht unbedingt neu für die Welt sein, sondern nur für den Entscheider. Als Nokia beschloss, sich von den Gummistiefeln ab- und den Mobiltelefonen zuzuwenden, war das eine große Entscheidung. Handys gab es bereits, doch für Nokia waren sie etwas ganz Neues.
Ohne erhebliche Anschubenergie wird die Umsetzung noch nicht einmal begonnen …

Verlockend

Die nötige Kraft dafür stammt aus dem Warum. Je stärker das Warum ist, desto größer ist die Energie. Die Belohnung, die am Ende winkt, ist der Energiespender. Sie kann laut oder leise sein, für alle sichtbar oder von der Welt kaum bemerkt werden. Wichtig ist nur, dass sie für das Individuum in hohem Maß verlockend ist.

Deshalb kann es nicht funktionieren, wenn der Wunsch nach einer Olympiamedaille vom Trainer stammt. Wenn der verkündet hat: „Das machst du, weil du das Potenzial hast", und der Athlet selbst nur denkt: „Na gut. Wenn er meint", dann hat der Trainer eine Antwort auf eine Frage gegeben, die der Athlet nicht gestellt hat. Wenn weder die Frage noch die Antwort die eigene ist, dann entsteht nicht genug Energie für eine erfolgreiche Umsetzung.
Selbst wenn der Athlet dem Trainer zuliebe mit großer Bereitschaft an das Training herangeht: Diese Energie verblasst schnell.

Immer wieder

Denn die Frage nach dem Warum stellt sich immer wieder, wenn es besonders schwierig oder anstrengend wird: Ist dieses Warum mir immer noch so viel Lebenszeit und Energie wert? Das Warum muss auch nach einiger Zeit noch so viel in dem Individuum auslösen, dass es bereit ist, weiterzumachen. Nur mit dieser dauerhaften Energie werden Ziele erreicht. Denn auf der Strecke dahin müssen Sie sich hundertmal, tausendmal gegen andere Ideen, Wünsche und Aktivitäten entscheiden. Nur wer für ein Ziel brennt, ist auch bereit, sein ganzes Holz auf dieses Feuer zu legen. Zumindest für eine gewisse Zeit.
Vor einigen Monaten sprach mich ein leitender Angestellter des Fraunhofer Instituts an: Er sei fest entschlossen sich selbstständig zu machen und ob er mir ein paar Fragen dazu stellen dürfe. Als wir uns unterhielten und er von seinen Vorstellungen erzählte, dachte ich mir: „Das wird nichts." Denn er kam schnell darauf zu sprechen, auf was er nicht verzichten wollte: regelmäßige Einkünfte, Zeit für die Kinder, ruhige Abende. Trotz aller Entschlossenheit war ihm nicht klar, welche Ressourcen von ihm gefordert waren. Vor Kurzem habe ich erfahren, dass er zwar das Fraunhofer Institut verlassen hatte, inzwischen aber bereits eine andere Anstellung angenommen hat.
Zu einem starken Warum gehört auch eine bewusste Entscheidung. Die setzt ausreichende Informationen und die Abwägung dessen, was ich dafür einsetzen will und kann, voraus. Sonst hat sie Feldhasen-Charakter.

Den Preis ermitteln

Wir ermitteln vor neuen Projekten sehr genau: Was ist das Ziel? Wie hoch ist der Innovationsgrad? Haben wir alle nötigen Kompetenzen und Ressourcen dafür? Wie viel Ressourcen wollen wir bereitstellen? Wie viel Zeit haben wir? Falls wir mit diesen Ressourcen das Zeitziel nicht erreichen: Können oder wollen wir eine verzögerte Markteinführung in Kauf nehmen? Können oder wollen wir mehr Ressourcen in das Projekt geben? Können oder wollen wir den Innovationsgrad mindern?
Das ist bei dem Athleten, der eine Olympiamedaille anpeilt, nicht anders. Auch er muss sich überlegen: Was brauche ich, um mein Ziel zu erreichen? Stehen mir die nötigen Ressourcen zur Verfügung, zum Beispiel ein guter Trainerstab, adäquate Trainingsstätten und exzellente Materialausstattung? Wie muss ich über die nächsten Jahre mein Training, meine Ernährung, meinen Lebenswandel gestalten? Wie stark muss ich meine außersportlichen Aktivitäten wie Ausbildung, Freunde und Hobbys zurückstellen?
Es gilt also einen Plan zu entwickeln, wie der Weg zum Ziel aussehen wird. Denn so kann der Athlet herausfinden, wie hoch der Preis ist, den er für die Umsetzung seiner Entscheidung ansetzen muss. Daran kann er abschätzen, ob sein Warum so groß ist, dass er bereit ist, diesen Preis zu zahlen. Oder ob er sein Ziel reduziert: Wenn es nicht die Olympiamedaille, sondern nur die Kreismeisterschaft sein soll, dann ist der Preis wesentlich geringer.
Das ist der unschätzbare Vorteil eines Planes: Der nötige Einsatz wird klar, noch bevor die Umsetzung begonnen und viel Energie investiert ist. Das macht die bewusste Abschätzung erst möglich. In diesem Sinne ist ein Plan kein Kontrollinstrument, sondern eine wichtige Entscheidungshilfe. Weil sie der Umsetzung ein konkretes Gesicht gibt. Doch das ist nicht der einzige Vorteil eines Planes …

Der Sinn und Zweck

Das, was die meisten für den Sinn und Zweck eines Planes halten, ist es nicht: Ein Plan ist *nicht* dazu da, eingehalten zu werden. Und doch ist er aus zwei Gründen unverzichtbar. Der erste Grund ist, dass Sie für einen Plan den ganzen Weg bis zum Ziel gedanklich durchspielen. Sie ermitteln zum

Beispiel den Zeitbedarf, Sie denken über Worst Cases nach, Sie machen sich Gedanken über Sicherheitsnetze. Sie entwickeln ein klares Bild von verschiedenen Szenarien und auch von Ihren Reaktionsmöglichkeiten.
Sie werden von entsprechenden Situationen nicht kalt erwischt wie der Feldhase vom Traktor, sondern Sie wissen schon, dass er kommen könnte und wohin Sie dann rennen. Schwierigkeiten machen Sie nicht ziel- und orientierungslos. Weil Sie wissen, wie der planmäßige Ablauf ist, können Sie sich auf die Abweichungen konzentrieren.
So ist Porsche bei der Entwicklung des ersten Boxsters vorgegangen: Sie hatten sich überlegt, was passiert, wenn sie mit einem der neuen Bauteile in Verzug geraten. Sie hatten andere Teams in Bereitschaft gebracht, die den Fortgang übernahmen, bis die verspätete Gruppe ihren Rückstand aufgeholt hatte und sich wieder in den Kernprozess einfädeln konnte.
Der zweite Unverzichtbarkeitsgrund ist die Möglichkeit, die Entwicklung hin zum Ziel kontinuierlich abzugleichen. Erinnern Sie sich an das Bild vom Flugzeug auf dem Weg nach Shanghai: Es fliegt nicht exakt auf dem geplanten Kurs, sondern pendelt ständig darum herum. Der aktuelle Kurs wird laufend überwacht und angepasst. Dabei wird mit kleinsten Korrekturen operiert, weil der engmaschige Abgleich die sofortige Reaktion erlaubt. Mit minimalen Anpassungen wird große Wirkung erzielt.
Der Plan dient dabei nur dazu, die Abweichungen zu erkennen. Haben Sie diese im Blick, können Sie sich konkret fragen: Was muss ich ändern, um mein Ziel zu erreichen?
Gleichzeitig können Sie anhand des Plans auch Ihren Fortschritt ablesen. Sie wissen stets, wo Sie stehen, wie weit es noch bis zu Ihrem Ziel ist und wie viel Strecke noch vor Ihnen liegt.
Das müsste dem Kontrollzwang des Standards eigentlich entgegenkommen. Doch der Standard ist der natürliche Feind des Plans …

Unberechenbar

Im Standard muss alles berechenbar und sicher sein. Schließlich haben andere vorgemacht, wie es geht – sonst wäre diese Vorlage nicht Standard geworden. Abweichungen sind in diesem Ablauf nicht vorgesehen, sie existieren nicht. Es kann nicht sein, was nicht sein darf.

Und falls doch einmal eine Abweichung auftritt, dann hat jemand einen Fehler gemacht. Der Schuldige wird mit viel Energieeinsatz ausfindig gemacht, denn offensichtlich ist hier ein unfähiger Mensch am Werk. Jede Abweichung wird abgestraft.
Beim Plan, so wie wir und auch einige andere Unternehmen ihn verstehen, wird die Abweichung als Normalität betrachtet. Der Plan wird nicht nur erstellt, um eingehalten zu werden, sondern auch als Referenz für die Abweichungen. Die verstehen wir als Aufforderung, damit umzugehen, ohne das Endziel zu gefährden. So gesehen schließen sich Plan und Standard gegenseitig aus. Im Standard ist auch eine weitere Normalität nicht vorgesehen …

Im Zweifel für den Plan

Selbst das allergrößte Warum verhindert nicht die Phasen des Zweifels, in denen das Aufgeben als attraktivere Alternative erscheint. Es gibt verschiedene Möglichkeiten, dieser Gefahr zu begegnen, die den Umsetzungserfolg bremsen oder zunichtemachen kann.
Allein das Wissen, dass Zweifel normal sind, hilft vielen, dem ersten Impuls des Handtuchwerfens zu widerstehen. Bei schwächeren Zweifelsanfällen reicht es dann, sich bewusst darauf zu konzentrieren, wie es sein wird, wenn das Ziel erfüllt ist. Die Imagination kann die Energie freisetzen, um sich wieder aufzurappeln.
Die weitergehende Impulskontrolle funktioniert über zwei Instrumente: Disziplin und Methode.
Stellen Sie sich vor, Sie haben sich über Monate jeden Morgen darüber geärgert, dass Sie den Knopf Ihrer Lieblingshose nur mit Mühe zubekommen. Jetzt reicht es Ihnen: Sie entscheiden sich, so viel abzunehmen, dass Ihnen diese Hose wieder passt. Sie brennen für dieses Warum.
Sie verschenken die restlichen Süßigkeiten aus Ihrem Vorratsschrank an die Nachbarskinder und kaufen nur noch Obst und Gemüse ein. Sie fühlen sich gut.
Doch einige Tage später ertappen Sie sich, dass Sie im Supermarkt vor dem Regal mit der Schokolade stehen.
Wenn Sie auf die Disziplin setzen, dann fragen Sie sich aus Ihrer bewussten Selbstbeobachtung heraus: „Was soll das? Reiß dich zusammen.“ Das kostet

zunächst Energie. Doch die kommt direkt zurück, wenn Sie ohne Schokolade den Laden verlassen: Sie klopfen sich innerlich auf die Schulter für Ihren Sieg über den Impuls.
Zusätzlich oder alternativ arbeiten Sie mit der Verzögerungsmethode. Sie sagen sich: „Ich kaufe jetzt noch nichts. Erst gehe ich nach Hause, schlüpfe in die Hose und schließe den Knopf. Danach darf ich wiederkommen und so viel Schokolade kaufen, wie ich möchte." Ich wette, Sie werden das Geschäft an diesem Tag nicht nochmal betreten.
Mit dieser Methode habe ich früher meine Kinder ihre Weihnachtswünsche sammeln lassen: Ab Oktober hing eine Liste am Kühlschrank, in der jeder seinen aktuellen Wunsch eintragen durfte. War ihm ein Wunsch nicht mehr wichtig, durfte das Kind ihn auch wieder streichen. Über diese zeitliche Selektion haben sich viele impulsive Wünsche erledigt.
Meine inzwischen erwachsenen Kinder handeln immer noch nach dieser Methode: Bevor sie etwas kaufen, warten sie eine Woche ab. Ist ihnen der Kauf dann immer noch wichtig, dann halten sie ihn für gerechtfertigt. Sie schwören auf diese wirksame Zügelung von Feldhasen-Kaufentscheidungen.

Energievernichter

Die Umsetzung einer großen Entscheidung kostet viel Energie. Doch sie bringt im Gegenzug noch mehr Energie zurück. Voraussetzung für diesen kontinuierlichen Rückfluss ist die Konsequenz, mit der der Mensch bei der Umsetzung bleibt. Die Energie spürt er schon im Verlauf dieser Phase.
Noch viel mehr kommt der Effekt zum Tragen, wenn er sein Ziel erreicht hat: Dann investiert er keine Energie mehr und gleichzeitig fließt aus dem Erfolg jede Menge Energie an ihn zurück. Er entwickelt sich weiter und kann sich neuen Zielen zuwenden.
Deshalb nehme ich heute nur noch starke Warum-Projekte an. Alles andere kostet mich zu viel Energie. Zwar sind diese Warum-Projekte meist die anstrengenden, die hochinnovativen und aufwendigen Aufträge. Doch sind das auch die, für die ich gerne nachts aufstehe, wenn ich eine Idee habe. Die Freude an der Umsetzung setzt bei mir enorm viel Energie frei.
Bei den Projekten ohne klares, attraktives Ziel dagegen habe ich von vorneherein nicht viel Lust, mich dafür anzustrengen. Um trotzdem ein

gutes Ergebnis abzuliefern, muss ich die Zähne zusammenbeißen. Das saugt viel Energie, ohne dass auch nur ein bisschen zurückkommt. Und sosehr ich mich auch anstrenge: Das Ergebnis wird nie besser sein als gut. Das reicht mir nicht. Deshalb lehne ich die Projekte mit einem schwachen Warum ab. Denn der gute Energiefluss kommt nur bei einem starken Warum zustande. Dann ist er allerdings so gut, dass die Umsetzung vom Plan abheben kann wie ein Flugzeug von der Rollbahn …

13 DIE BEFREIUNG

Den Plan weglegen

Einen Plan für die Umsetzung zu entwickeln und im Auge zu behalten, ist für den persönlichen Erfolg essenziell.
Letztes Jahr habe ich neu gebaut und eines Morgens einen eifrigen Schlosser gerade noch hindern können, ein Treppengeländer auf der falschen Seite zu montieren. Er hat sich damit entschuldigt, dass er den Plan nicht zur Hand hatte.
Was Pläne so wichtig macht, habe ich im letzten Kapitel erklärt. Doch es ist ebenso wichtig, sich im richtigen Moment davon zu lösen …

Gelegenheit verpasst

Ein Plan sieht keine unerwarteten Chancen vor. Wer sich stur an die Vorgabe halten will, darf also gute Gelegenheiten nicht nutzen. Wenn Sie beim Fußball einen Spielzug einstudiert haben und dummerweise zwei Stationen vor dem geplanten Abschluss allein vorm leeren Tor stehen: Schießen Sie oder geben Sie den Ball planmäßig ab?

Glück ist kein Zufall, sondern Glück ist, wenn ich die Gelegenheiten, die sich bieten, am Schopfe packe. Die spontanen Impulse, die sich bei der Umsetzung ergeben, nicht aufzunehmen, verhindert, dass aus dem guten Ergebnis ein großartiges wird. Das geschieht viel zu häufig …

Gelegenheit verkannt

Der Grund dafür ist selten böse Absicht, sondern die fehlende Wahrnehmung der Gelegenheit. Wer nur noch mit einem Tunnelblick durch die Welt geht, hat keine ganzheitliche Sicht mehr.

Häufig ist es großer Druck, der den Blick so verengt. Wenn ein Hund hungrig ist und durch den Maschendrahtzaun etwas zu Fressbares liegen sieht, dann wird er immer wieder an dieser Stelle gegen den Zaun anrennen, versuchen darüberzuspringen oder sich untendurch zu buddeln. Er setzt viel Energie ein und kommt doch nicht zum Ziel.

Der entspannte Hund dagegen wandert interessiert, aber entspannt am Zaun entlang und findet das Loch zum Durchschlüpfen. Der Trick ist also, den Hunger nicht zu groß werden zu lassen und die Gier zu verbannen.

Eine der Folgen lässt sich an wirtschaftlichen Hypes wie um den Bitcoin ablesen: Der klare Blick geht verloren, alle wollen an der einen Stelle über den Zaun klettern – koste es, was es wolle.

Dabei tritt Druck nur auf, wenn vorher etwas versäumt worden ist …

Der Rahmen

Zwangslagen bei der Umsetzung entstehen dann, wenn ein Plan nicht gut durchdacht, zu eng und ohne Parallelstränge für Gefahrenstellen gestrickt ist. Oder die Abweichungen vom Plan nicht engmaschig beobachtet und keine Nachjustierungen vorgenommen werden.

Druck ist deshalb Folge von unzureichender Planentwicklung oder -beobachtung. Und ist ein dringendes Zeichen, dass eine Veränderung erforderlich ist. Insbesondere in den drei folgenden Situationen ist es unerlässlich, den Plan zunächst beiseitezulegen und nach einer geeigneten Lösung zu suchen. Die erste ist, wenn sich die Rahmenbedingungen gravierend ändern: Wenn

Sie zum Beispiel für das Ziel trainiert haben, auf der 3000-Meter-Strecke eine Olympiamedaille zu holen. Nun werden die 3000 Meter zugunsten der 5000 Meter aus dem olympischen Programm gestrichen. Wie können Sie es schaffen, dass Ihnen nicht ab dem vierten Kilometer die Luft ausgeht?
Oder wenn Sie Ihr Produkt gezielt im US-amerikanischen Markt platzieren wollten, doch die Einfuhrbestimmungen kurzfristig geändert wurden. Wie gehen Sie damit um?
Wenn Sie Ihren Plan umsichtig geschmiedet haben, dann haben Sie für solche „Überraschungen" bereits einen Plan B, den Sie sich so oder so ähnlich in ruhigen Zeiten ausgedacht haben.
Der große Vorteil von dieser Umsicht ist, dass Sie im Vorfeld entspannter denken und bewusstere Entscheidungen treffen können. Wenn Sie in Vorbereitung eines Meetings bereits alle Optionen im Kopf durchgespielt und mögliche Reaktionen überlegt haben, sind Sie der Hektik des Moments nicht ausgeliefert. So geben Sie Ihrem inneren Feldhasen weniger Aktionsradius.
Doch die wenigsten bereiten sich gut genug vor. Dafür gibt es drei Gründe: Zum Teil liegt es am Optimismus, den die meisten Menschen mitbringen: „Es wird schon gut gehen." Der zweite Grund ist, dass die Erkenntnis fehlt, wie entscheidend eine gute Vorbereitung für den Erfolg ist. Und zum dritten ist es die Verweigerung der Verantwortung: Wenn ich die Gefahren vorher „nicht erkennen konnte", bin ich dafür auch nicht verantwortlich. Dann sehe ich mich als Opfer der Umstände.
Doch nicht nur veränderte äußere Bedingungen führen zu Änderungsbedarf. Auch intern kann die Umsetzung anders laufen als geplant …

Der Fluss

Die zweite Situation, in der Veränderung geboten ist, ist die Beobachtung, dass es in Ihrem Projekt hakt oder nicht vorangeht. Spätestens wenn Sie einige Versuche unternommen haben und nichts funktioniert, ist es Zeit, den Weg zu überprüfen. Hat sich etwas im Außen verändert? Oder war die Einschätzung bei der Planung falsch?
Eine Umsetzung besteht aus vielen, vielen Kleinigkeiten. Es ist unmöglich, exakt vorauszusehen, wie sich diese Details im Zusammenspiel verhalten. Es ist wie in einem Fluss, in dem Treibgut mitschwimmt. Das besteht aus

vielen kleinen Einzelteilen verschiedenster Größe. Wenn einiges davon an dem einen Ufer oder an einer Stelle mitten im Fluss hängen bleibt und sich ineinander verkeilt, ist diese Passage versperrt. Dann macht es keinen Sinn, das eigene Boot genau durch diese Stelle pressen zu wollen, selbst wenn der Plan es so vorsieht. Auch mit der doppelten Kraft kommen Sie dort nicht mehr durch.

Der Biss

Die dritte Situation erkennen Sie, wenn Sie sich selbst beobachten: Wie verbissen sind Sie am Werk? Ich meine nicht die Anstrengung, die Sie für die Umsetzung aufbringen. Die ist kein Gradmesser für die Notwendigkeit einer Änderung. Erst wenn sie in Verbissenheit umschlägt, dann ist das ein untrügliches Zeichen dafür, dass Sie in eine Sackgasse geraten sind. Und Druck ist – wie gesagt – ein Warnsignal dafür, dass entweder der Plan oder der Umgang mit ihm nicht läuft.
Wenn ein Sebastian Vettel im Ferrari den überlegenen Mercedes von Lewis Hamilton bei einem verbissen durchgeführten Überholmanöver anrempelt und beide von der Strecke fliegen, dann ist das auch für Vettels Projekt Weltmeisterschaft keine intelligente Option. Im Zustand der Verbissenheit liegen die Nerven blank und der Feldhase kommt zum Vorschein.
Für alle drei Situationen gilt: Es wird sehr viel Energie auf wirkungslose Aktionen vergeudet. Je früher Sie Ihren Plan weglegen und sich für die Lage eine andere Lösung ausdenken, desto besser.
Je nach Situation helfen unterschiedliche Ansätze …

Dem Rahmen anpassen

Veränderte Rahmenbedingungen brauchen Parallel- statt Notfallpläne. Das eine ist wie Löcherstopfen: Es kostet viel Energie und führt höchstens zu einem Ergebnis auf Standardniveau.
Parallelpläne dagegen können so angelegt werden, dass sich die Umsetzung wieder in den Hauptplan einfädelt. Was dann wie ein Umweg aussieht, ist in der Realität der Weg mit dem geringsten Energieverlust.

Solche Sicherheitsgleise zu entwickeln, lohnt sich umso mehr, je wahrscheinlicher und je existenzieller eine Gefahr ist. Kann ich den Kredit, den ich aufnehme, statt innerhalb von fünf auch in zehn Jahren zurückzahlen? Kann ich auf Hilfe zurückgreifen, wenn es mal nicht gut läuft? Und selbst wenn es nicht um Haus und Hof geht: Entscheidend ist, wie wichtig mir die Zielerreichung ist.

Ich habe mir angewöhnt, bei großen Projekten möglichst früh mit Menschen zu sprechen, die ein ganz besonderes Talent haben: Sie wittern jede Gefahr. Die können mir als kreativem optimistischem Charakter wie aus der Pistole geschossen 25 Themen nennen, bei denen etwas schieflaufen kann. Auch wenn es zunächst anstrengend ist: Die Gespräche mit diesen Schwarzsehern sind für die Entwicklung von Parallelplänen enorm wertvoll.

Mit dem Treibgut umgehen

Wenn es in der Umsetzung hakt, reicht oft die Veränderung einer Kleinigkeit, um wieder in Gang zu kommen. Der durch das Treibgut versperrte Fluss ist dafür ein gutes Bild: Es kann genügen, einen einzigen Ast herauszuziehen, um den Verhau aus den verkeilten Einzelteilen zu lösen.

Der Standard kennt auf solche Schwierigkeiten nur eine Antwort: Er baut einen Kanal. Durch den kann das Wasser hindurchschießen. Keine Biegung, kein Treibholz, kein Leben bremst den Lauf. Die Fließgeschwindigkeit ist viel höher als im natürlichen Bachbett. Effizienz und Wirtschaftlichkeit werden gesteigert. Etwas Neues entsteht in einem Kanal nicht.

Sobald ein Projekt nicht eindimensionaler Standard ist, besteht wegen der unzähligen Kleinteile immer die Gefahr, dass sich Verkeilungen bilden. Die beste Methode ist, den Fluss aufmerksam zu beobachten: Je früher Sie ein Stocken erkennen, umso leichter lässt sich der einzelne Ast entfernen. So entsteht am wenigsten Druck …

Ist der Druck jedoch schon da, ist der erste Schritt, den Tunnelblick abzulegen. Denn der verhindert, dass Sie Lösungen wahrnehmen, die Sie eigentlich schon sehen:

Wenn ich bei einem Projekt nicht weiterkomme, dann habe ich zwei oder drei Freunde, die ich anrufen kann. Ihnen schildere ich das Problem. Meist antworten sie mir dann: „Du weißt doch schon, was du tun willst. Warum machst du das nicht?“ Die Lösung ist schon da, doch mein Blickwinkel ist noch eingeschränkt. Mein Zuhörer sieht aus seiner Perspektive darauf, für ihn ist sie offensichtlich.

In der ganzheitlichen Wahrnehmung kommt die Intuition zum Tragen. Die hat nichts mit der verschreckten impulsiven Reaktion des Feldhasen zu tun. Vielmehr basiert sie auf dem umfassenden Blick, mit dem Sie auf die Situation schauen. Das gilt für alle drei Varianten, die ich Ihnen vorgestellt habe.

Die Intuition ist das, was in keinem Plan berücksichtigt werden kann und doch essenziell zum Erfolg der Umsetzung beiträgt. Wenn ein Trainer bei einem unerwarteten Spielstand einen Überraschungsmann bringt, dann gelingt oft genau diesem der entscheidende Treffer. Das nennen die Reporter „Joker-Tor“, dabei hat der Trainer nur eine Chance erkannt und ergriffen. Er hat die Energie in die richtigen Bahnen gelenkt.

Denn Kennzeichen für alle Umsetzungen, die stimmig sind, ist der Energiefluss, der in Gang bleibt: Die investierte Kraft kehrt zurück und kulminiert. Genau das macht sich im Resultat bemerkbar …

14

KUMULIERTER ENERGIEGEWINN

Jeder der geschilderten Schritte hin zur Individualität und weg vom Standard erfordert den Einsatz von Energie. Und doch ist die Bilanz am Ende positiv, wenn alle Schritte konsequent gegangen sind. Die Entdeckung der passenden Fragen, das Erkennen der eigenen Antworten und Ideen, die klare Entscheidung für eine dieser Ideen und gegen alle anderen sowie die Entwicklung des Plans und seine Umsetzung entlang dieser Richtschnur samt notwendigen intuitiven Anpassungen – jede Phase erzeugt mehr Energie, als sie kostet.
So steigert sich der Energiegewinn laufend und das ist gut so, denn besonders die letzte, die Umsetzungsphase hat einen hohen Umschlag. Doch die Voraussetzung ist für jeden Schritt die gleiche: Die Motivation muss von innen heraus kommen.

Der Apfelbaum

Einige anerkannte Experten behaupten, dass Führungskräfte ihre Mitarbeiter motivieren müssten. Ich glaube nicht, dass das überhaupt möglich ist. Entweder ich finde als Mitarbeiter in dem Projekt, an dem ich arbeite, mein persönliches Warum oder eben nicht.

Manche Unternehmen üben Druck auf ihre Leute aus und nennen es „Motivation“. Das ist Augenwischerei. Selbst äußere Lockmittel wie Anerkennung und Boni wirken nur begrenzt und für eine gewisse Zeit. Eine dauerhafte Motivation kann nur von innen kommen. Worauf Arbeitgeber jedoch achten sollten, ist, ihre Mitarbeiter nicht zu demotivieren. Fehlende Anerkennung, schlechte Arbeitsbedingungen oder die Bestrafung von Fehlern wirken fatal. Nachhaltige Motivation jedoch hat keine andere Quelle als eigene Individualität und Identität. Dazu gehören die Kenntnis der eigenen Fähigkeiten ebenso wie die der eigenen Überzeugungen und Vorstellungen. An dieser Kenntnis scheitern zu viele Menschen. Dabei macht es die Natur vor: Ein Apfelbaum macht sich keine Gedanken, ob sein Besitzer lieber Birnen von ihm hätte. Er tut, was er am besten kann: Äpfel wachsen lassen.
Das ist für uns Menschen komplizierter: In Teil I dieses Buches bin ich ausführlich auf die Kräfte eingegangen, die uns zum Mittelmaß hinziehen. Wer sich von diesen Kräften nicht freimacht, hat es schwer, seine eigene Stärke zu erkennen …

Der Glaube

Ich selbst habe lange nicht an mein Talent geglaubt. Erst als mein Kunstlehrer mich „dringend aufforderte“, am Opel Design Award für Kinder und Jugendliche teilzunehmen, forderte ich die entsprechenden Unterlagen an. Trotz des anfänglichen Zögerns war meine Begeisterung schnell geweckt, schon das Entwickeln der ersten Ideen gab mir ein großartiges Gefühl.
Ich gewann auf Anhieb und langsam sickerte die Erkenntnis durch, dass ich mir etwas zutrauen konnte. Ich habe daraus eine Erfahrung mitgenommen, die sich seither vielfach bestätigt hat: Die Energie, die durch die Umsetzung der eigenen Ideen und Fähigkeiten entsteht, führt zum Erfolg.
Doch was heißt Erfolg?

Innen ...

Erfolg hat zwei Ebenen: eine innere und eine äußere.
Wenn ich in der Badewanne lauthals singe, weil ich große Freude daran habe, dann gibt mir das ein gutes Gefühl und Energie. Das ist eine Art von persönlichem Erfolg, auch wenn es sonst keiner hören will.
So verstehe ich das Märchen vom Hans im Glück auch als Ermutigungsmärchen: Er tritt reich an Erfahrung und reich an materiellem Wohlstand den Heimweg an. Die Goldbrocken empfindet er jedoch als Last. Er tauscht sie gegen Dinge ein, die nach außen hin immer weniger wertvoll scheinen, und doch wird er Tausch für Tausch fröhlicher. Zu Hause angekommen hat er nichts mehr – und ist glücklich. Nach äußeren Maßstäben hat er sich um seinen Erfolg bringen lassen, nach seinen individuellen Maßstäben hat er Energie und Freiraum gewonnen, weil er Ballast losgeworden ist. Das nenne ich persönlichen Erfolg.
Die innere Ebene des Erfolges ist die wichtigste Energiequelle für das persönliche Wachstum. Hier entsteht die Kraft und die Motivation für die nächsten großen Projekte. Sie kann einen Menschen ein Leben lang in positivem Fluss halten.

... und außen

Für das Wirken in der Welt ist die zweite Ebene des Erfolges entscheidend. Es ist das, was nach außen hin sichtbar wird und dort etwas in Bewegung setzt. Das tritt dann ein, wenn andere Menschen sich für das interessieren, was ich tue, davon profitieren, es anerkennen oder davon inspiriert werden.
Ob es jetzt die Olympiamedaille im 400-Meter-Lauf ist oder das berührende Kunstwerk, die gelungene Erziehung von Kindern oder das innovative Produkt: Alles, was im Äußeren positive Beachtung findet, gehört zur äußeren Ebene des Erfolges. Das kann auch ganz leise und im kleinen Kreis stattfinden: Das ist nicht der Gradmesser des Erfolges. Der Gradmesser ist allein zu messen an dem persönlichen Ziel.
Ist das erreicht, trägt die Ebene des äußeren Erfolges zusätzlich zu dem guten Gefühl und der erfüllten Energie bei.

Diese Art des Erfolges im Innen und im Außen entsteht nur, wenn er aus der eigenen Neigung und Fähigkeit heraus entstanden ist. Ansonsten ist es für mich kein Erfolg …

Echt oder unecht

Auch der, der nicht aus eigenem inneren Antrieb handelt, kann Erfolg haben. Der Arzt, der wegen seines 1,2-Abiturs Medizin studiert hat, kann sein Wissen anwenden. Doch wenn er weder das Talent noch den Wunsch hat, die Gesundheit von Menschen wiederherzustellen, wird sich selbst bei Heilungen kein inneres Erfolgsgefühl einstellen. Sein Beruf wird ihn anöden. Es bleibt ein unechter Erfolg, weil die Voraussetzung für die innere Ebene nicht gegeben ist.

Unechter Erfolg ist es auch, wenn ein Architekt und Naturliebhaber den Auftrag annimmt, ein klassisches Beton-Fabrikgebäude zu entwerfen. Wahrscheinlich wird es ihm gelingen, die Vorgaben einzuhalten und seine Auftraggeber mit dem gewünschten Standard zu befriedigen. Einen energiespendenden Erfolg auf persönlicher Ebene verschafft ihm das nicht.

Das ist das Grundproblem des sogenannten modernen Menschen. Der geht von einem gewünschten Erfolg aus und rechnet rückwärts: Welche Voraussetzung muss ich erfüllen, damit ich dieses Ziel erreiche? Aus den Antworten darauf designt er die Werte und Neigungen, die ihm nützlich erscheinen. Damit zäumt er das Pferd von hinten auf, denn die Individualität ist nicht gestaltbar, sondern nur entdeckbar und entwickelbar.

Der Erfolg, den der designte Mensch erreicht, ist keiner. Die Anstrengungen, die er dafür gemacht hat, laugen ihn aus und lassen ihn entkräftet zurück. Denn unechter Erfolg kostet Energie, ohne welche zu erzeugen. Die Arbeit auf das Ziel hin ist mühsam und freudlos.

Der unechte Erfolg ist eine trostlose Angelegenheit, selbst wenn die äußere Anerkennung groß ist. Seine Folgen sind Depression, Unzufriedenheit oder Aggression. Das sieht beim echten Erfolg anders aus …

Die Persönlichkeit

Wenn Sie Dinge tun, die aus Ihrer Motivation, Ihren Fähigkeiten und Ihren Werten heraus entstehen, dann zahlt jede dieser Aktivitäten auf Ihre Individualität ein. Entsprechend kumuliert die entstehende Energie und sorgt für die besonderen Ergebnisse, die den Standard weit übertreffen. Erfolge dieser Art beflügeln Ihre Motivation, sich verstärkt diesen Themen zu widmen. Sie fühlen sich auch bestärkt, andere Themen nicht weiterzuverfolgen, selbst wenn alle Welt es von Ihnen erwartet.

Sie bilden auf diese Weise ein Profil mit Ecken und Kanten heraus: Ihre Identität. Die steht damit im Gegensatz zur stromlinienförmigen Kontur des Mittelmaßes, das keine Ausprägung zulässt.

Mit den Jahren tritt Ihre Persönlichkeit immer stärker hervor. Das kann für Politiker zum Problem werden, denn auch Stärken- und Werteprofile unterliegen dem Zeitgeist. Wähler wählen nach Themen, die ihnen gerade relevant erscheinen. Steht ein Politiker mit seiner Persönlichkeit für ein Thema, das für seine Klientel zwar von Bedeutung, doch gerade nicht aktuell ist, rutscht er aus den oberen Rängen der medialen Stimmungsbarometer. Somit sinkt er in der Wählergunst und muss um seine Wiederwahl bangen.

Daraus ziehen viele Politiker den Schluss, dass sie ihre individuellen Themen besser zurückstellen und sich einem populären Punkt zuwenden, auch wenn das nicht ihrer ist. Das kann ihnen durchaus kurzzeitig Erfolg bringen, doch echt ist dieser nicht. Auf lange Sicht verlieren sie. Und nicht nur sie: Dieses Verhalten trägt erheblich zur Politikverdrossenheit weiter Kreise der Bevölkerung bei.

Und auch Künstler sind von diesem Zeitgeist-Dilemma betroffen: Etliche Meister sind erst posthum berühmt geworden, weil sie mit ihren Themen der Zeit voraus waren. Ich bin zwar davon überzeugt, dass es möglich ist, seinen eigenen Themen in seiner Zeit Relevanz zu geben, es ist jedoch eine große Aufgabe.

Umso besser, wenn es gelingt, denn die Energie und der echte Erfolg, die durch die Individualität eines Einzelnen entstehen, zeigen weit über ihn hinaus Wirkung …

ANZIEHUNG

NATÜRLICHER ZUSAMMENHALT

Alle Systeme haben gemeinsam, dass sie sich nur bilden, wenn Energie vorhanden ist. Energieleere Einzelbestandteile driften isoliert durch den Raum, sie haben keine selbstbestimmte Richtung. Treffen sich zwei solcher Teile, passiert nichts, denn es besteht zwischen ihnen weder Anziehung noch Abstoßung.

Halt finden diese energieentleerten Elemente in von außen geformten Gemeinschaften. Über diese habe ich im Teil „Abstoßung“ gesprochen: Sie bestehen aus einem dichten Gitter aus Regeln, das viele kleine Käfige formt. In diesen Käfigen bleiben die Leerteilchen mehr oder weniger zufällig hängen und richten sich ein. Dort ist ein guter Platz für sie, denn sie sind in diesem Konstrukt nicht auf eigene Energie angewiesen.

Ist jedoch Energie vorhanden, kann sich aus vielen Einzelteilen ein System herausbilden. Dabei lassen sich drei Systemformen identifizieren, die sich je nach Herkunft und Fluss der Energie grundlegend unterscheiden.

Zentralsysteme

Manche Systeme werden von einem Einzelnen ausschließlich aus seiner Energie heraus erschaffen. Alle anderen Systemanteile sind ganz auf diesen einen ausgerichtet, alle Fäden laufen bei ihm zusammen. Jedes Ergebnis ist von seinem Geist durchdrungen.

Der Vorteil ist, dass es eine ganz klare Ausrichtung gibt: Das, was dieser Fixstern vorgibt, ist der Maßstab der Dinge. Darum gibt es keine Diskussionen, eine Gefahr der schleichenden Diffusion besteht nicht.

Nur Ausnahmefiguren gelingt es, ein System auf diese Weise zu etablieren. Steve Jobs war für Apple und Jack Welch für General Electrics eine solche Erscheinung. Oder Petra Kelly und Gert Bastian für das System der Grünen.

Zwei große Nachteile haben solche unausgewogenen Systeme: Erstens kann sich die Energie all der vielen anderen Beteiligten nicht entfalten. Alles wird von diesem einen Fixstern überstrahlt. Das Potenzial des Einzelnen bleibt ungenutzt. Weder verbinden sie sich untereinander noch findet eine gegenseitige Befruchtung statt. Jeglicher Zusammenhalt ist auf die zentrale Person ausgerichtet.

Daraus ergibt sich der zweite Nachteil: Wenn der Fixstern verschwindet, verliert das System sein verbindendes Element und seine Energie. Steve Jobs hat immerhin dem Unternehmen über seinen Tod hinaus ein Momentum mitgeben können, das es bis heute trägt. Die Grünen dagegen haben seit dem Abgang ihrer großen Protagonisten enorm an Profil verloren und kämpfen um ihren inneren Zusammenhalt.

Daneben gibt es Systeme, in denen zwar Energie vorhanden ist, doch die in Wahrheit dennoch keine Systeme sind …

Streusysteme

Viele Teams, die laut Firmenorganigramm oder Vereinsregister-Eintrag ein System im System darstellen, sind es nicht. Die treffen sich einmal die Woche, um sich organisatorisch abzustimmen, und gehen dann wieder auseinander. Jeder behält seine Energie für sich und verfolgt seine persönlichen Interessen und Vorlieben. Eine Ausrichtung in Form eines gemeinsamen Leitsterns fehlt.

Das Gleiche gilt für Unternehmen, in denen ganze Abteilungen unterschiedliche Marschrichtungen haben. Aufgrund der fehlenden Gemeinsamkeit kooperieren sie nicht miteinander. Ihr Einfluss auf das System ist verschieden und damit ist das Gesamtsystem unausgewogen. Das kann so aussehen, dass in einem Maschinenbau-Unternehmen die Marketing-Abteilung keinerlei Gewicht hat. Oder die Finance-Abteilung von einem starken Optimierungswillen geprägt ist und in der Firma kein Gegengewicht dazu existiert. Oder in einer Fußballmannschaft die Verteidigung sich auf das Mauern konzentriert und die Offensiv-Abteilung vorne vergeblich auf die Bälle wartet.

Das bringt ein System immer in Schieflage. Die Energien blockieren sich gegenseitig oder laufen in verschiedene Richtungen. Oft halten nur starke Gegenkräfte in Gestalt von Hierarchie oder Druck das System notdürftig zusammen.

Beide beschriebenen Systemformen sind also in ihrer Energieverteilung unausgewogen. Die Natur macht uns dagegen vor, was eine nachhaltige Form der Systembildung ist: die, in der alle Beteiligten ihre Energie einbringen und in eine gemeinsame Balance kommen.

Lebende Systeme

Wenn Sie durch einen Wald gehen, erleben Sie ein System aus den verschiedensten Lebewesen: Bäume, Vögel, Moose, Ameisen, Pilze, Mikroben und noch viele mehr. Diese haben zusammengefunden, weil jeder von ihnen hier einen guten Lebensraum findet. Jeder trägt mit seinem Wirken zum Erhalt und zur ständigen Erneuerung dieses Systems bei. Denn jeder bringt seine Energie und seine besonderen Fähigkeiten ein. Fällt ein Bestandteil aus, dann nimmt ein anderer seinen Platz ein. Eine Lücke wird schnell gefüllt. Je nach Situation treten mal die einen, mal die anderen mehr in Erscheinung. Dieses System ist in sich ausgewogen.

So ist das auch bei menschlichen Systemen: Wenn die richtigen zueinanderkommen, dann entsteht ein System, das von innerem Zusammenhalt geprägt, im Gleichgewicht und doch flexibel ist.

Welche die richtigen sind, das definiert sich über die Deckung in bestimmten Kriterien: So fügt sich ein Specht hervorragend in das System Wald ein, ein Blauwal dagegen nicht.

Beim Menschen sind es drei Kriterien, die darüber bestimmen, ob sie miteinander ein ausgewogenes System bilden können oder nicht …

1. Werte

Jeder Mensch ist von Grundüberzeugungen geprägt. Diese bleiben über ein Leben hinweg weitgehend stabil.

Die wenigsten machen sich bewusst Gedanken darüber, welchen Werten sie folgen, und doch prägen sie ihr Handeln grundlegend. Lebt ein Naturverbundener in einer Stadtwohnung, wird er mindestens den Drang haben, sich mit 150 Topfpflanzen zu umgeben. Folgt er diesem Drang nicht, quält ihn ein unbestimmtes Mangelgefühl.

Wenn Sie zum ersten Mal Ihre Werte für sich zusammentragen, ergibt sich meist eine lange Liste: Diese Wertewolke ist vielgestaltig, selten sind die einzelnen Werte in ihrer Umsetzung widerspruchsfrei.
Deshalb ist es wichtig, die eigenen Kernwerte zu klären. Mehr als fünf sind nicht lebbar. Diese Fokussierung ist ein Prozess, der mehrere Jahre dauern kann. Sie brauchen dafür Beharrlichkeit und Ausdauer, doch es lohnt sich: Wenn Sie Ihre zentralen Werte kennen, dann treffen Sie schneller Entscheidungen, die zu Ihnen passen und damit nachhaltiger sind.
Menschen mit unterschiedlichen Wertvorstellungen verhaken sich nach kurzer Zeit. Sie werden sich nicht in ein und dasselbe lebendige System integrieren können.

2. Energie

Darüber, wie die Kraftlosigkeit sich verbreitet und über welche Phasen aus der Individualität Energie entsteht, habe ich in den ersten beiden Teilen dieses Buches erzählt. Im Ergebnis hat jeder Mensch ein individuelles Energieniveau, das je nach Tagesform in engen Grenzen schwankt. Die Niveau-Unterschiede zwischen den Menschen sind dagegen unvorstellbar groß.
Je ähnlicher Menschen in ihrem Energielevel sind, desto besser finden sie ein gemeinsames Tempo. Das ist wie bei einem Fischschwarm: Die, die gleich schnell schwimmen können, bilden die wendigste Gruppe. Jeder kommt mit, keiner wird abgehängt, jeder schwimmt mal voran.
Diese Ausgewogenheit im Energielevel macht den Schwarm stark und flexibel.
Dabei hat die Gruppe mit dem höheren Level auch mehr Freude. Diesen Effekt können Sie an sich selbst testen, indem Sie eine energielose Körperhaltung einnehmen: hängende Schultern, nach vorn geneigter Kopf. In dieser Haltung kommt keine freudige Empfindung auf.
In einer energielosen Gruppe potenziert sich dieser Effekt. Das lässt sich an jeder Fußballmannschaft beobachten: Meist weisen alle Spieler eine ähnliche Körperhaltung auf, im Sieg wie in der Niederlage.

3. Mission

Ein System findet sich nicht nur über die Grundausrichtung, sondern auch über eine gemeinsame Mission, also die Ausrichtung, die ein starkes Ziel vorgibt.
Widerspricht die Mission den Werten des Systems, werden innere Konflikte ausgelöst. Wenn ein naturverbundenes Team den Auftrag annimmt, eine neue Skipiste zu planen, die es für eine Umweltzerstörung hält, dann läuft diese Aufgabe der Grundüberzeugung entgegen. Das verursacht Spannungen, immer tiefere Risse laufen durch das System, bis es schließlich auseinanderbröckelt.
Deckt sich dagegen die Mission mit den Werten und löst Begeisterung aus, dann schweißt sie das System zusammen und sorgt für nachhaltige Energie.

Aus drei wird eins

Über die drei Kriterien Grundüberzeugungen, Energieniveau und Mission, die mit den Werten in Einklang steht, entwickeln sich ausgewogene Systeme mit natürlichem Zusammenhalt.
Die drei Kriterien ergeben gemeinsam nichts anderes als die Identität einer Gemeinschaft. So wie jeder Mensch eine Identität hat, die je nach Ausprägung der eigenen Individualität stark oder weniger stark zutage tritt, so hat auch jedes System eine eigene Identität.
Diese bildet sich automatisch heraus, ob bewusst oder unbewusst. Sie prägt das System und ist kaum noch verrückbar. Ich kenne kein einziges Unternehmen, das eine einmal eingekehrte Kultur substantziell verändern konnte. Die Identität einer Gemeinschaft ist enorm festgefügt und lässt sich nicht einmal unter Mordandrohung von Grund auf wandeln. Selbst kleine Nachjustierungen kosten viel Kraft: Hat ein Unternehmen zum Beispiel Unpünktlichkeit als Tugend verinnerlicht, dann verlangt es von einem neuen Chef viel Durchhaltevermögen, das zu ändern.
Stößt ein neues Mitglied zu dieser Gemeinschaft, stellt es sich schnell heraus, ob es zu dieser Identität passt oder nicht. Das bedeutet jedoch nicht, dass nur gleiche Individuen sich in diesem System sammeln …

Das Spielfeld

Die Identität eines Systems steckt einen definierten Bereich ab. Der Raum, der entsteht, bietet nicht nur sehr ähnlichen Individualitäten einen Platz. Ein System profitiert sogar davon, wenn sehr verschiedene Menschen sich unter seinem Dach versammeln, sich gegenseitig ergänzen und inspirieren. Wichtig ist nur, dass alle sich auf einem abgesteckten Spielfeld wiederfinden.

Je deutlicher dieses Spielfeld nach außen hin sichtbar ist, desto stärker wirkt die Anziehungskraft auf die, die dazu passen. Ein System tut deshalb gut daran, seine Identität zu schärfen und klar erkennbar zu machen: Neu Hinzukommende docken zielsicher und eigenständig an. Die, die bereits da sind, können sich laufend damit abgleichen und ausrichten.

Je größer die Herausforderung, vor der eine Gemeinschaft steht, desto wichtiger ist die Übereinstimmung des Einzelnen mit der Identität der Gruppe. Denn umso eher kann sie die Aufgabe bewältigen.

Doch warum ist das so, dass ausgewogene Systeme so viel erfolgreicher arbeiten können?

NICHT NUR DU ALLEIN

Ein kleiner Fisch allein kommt im großen, weiten Meer nicht weit. Ein homogener Fischschwarm dagegen schon. Ein ausgewogenes System weist etliche Faktoren auf, die Ergebnisse möglich machen, die ein Einzelner oder ein schlecht austariertes System nicht erreichen kann. Das gilt vor allem dann, wenn nicht der Standard bedient, sondern Neues geschaffen werden soll.

Alle diese Faktoren haben etwas mit Energie zu tun, ganz besonders der erste …

Besserer Energieeinsatz

In einer Gemeinschaft, die nicht funktioniert, fließt sehr viel Energie in Dinge, die nicht voranbringen.

Augenfällig wird das bei Grundsatzdebatten: Die sind immer aufreibend und führen praktisch nie weiter. Wenn ein überzeugter Christ und ein Atheist über religiöse Werte diskutieren, dann werden sie selbst nach langen, anstrengenden Gesprächen keinen Konsens erreichen. Oder sehen Sie die SPD an: Sie steckt seit Jahrzehnten viel Energie in Grundsatzdiskussionen und bekommt wenig Bewegung hin.

In einer funktionierenden Gemeinschaft dagegen ist die Übereinstimmung in den relevanten Werten vorab geklärt. Das ist der gemeinsame Ausgangspunkt, von dem aus alle Energie auf das gemeinsame Ziel hin fokussiert wird. Solange jeder diese Mission als sein persönliches Warum begreift, kommt es auch nicht zu dem Abtaucheffekt, den Sie beim Tauziehen oder in Großunternehmen beobachten können. Wenn jeder sich darauf verlässt, dass die anderen ausreichend ziehen, zieht keiner so richtig.

Auf der Basis einer gemeinsamen Ausrichtung lassen sich auch Auseinandersetzungen bei wichtigen und unwichtigen Nebensächlichkeiten schnell lösen. Dann ist es für alle in Ordnung, wenn einer beschließt, ein Thema in einer kleinen informellen Runde statt in einem großen Meeting zu lösen. Oder dass die Mittagspause um 12.30 Uhr angesetzt wird statt um

13.00 Uhr. Oder dass die neuen Trikots in Anthrazit und nicht in Schwarz bestellt werden.
Der größte Energiebremser jedoch sind zwischenmenschliche Konflikte. Je enger ein System miteinander kooperiert, desto sensibler reagiert es auf solche Irritationen, auch über die direkt Betroffenen hinaus. Gemeinsame Grundwerte, ein ähnliches Energielevel und eine gemeinsame Ausrichtung auf ein Ziel minimieren die Gefahr, dass es zwischen den Beteiligten kriselt. Ganz auszuschließen ist der Fall nie und doch sind die Voraussetzungen, Konflikte beizulegen, besser als in unausgewogenen Systemen.
Das ist auch die Voraussetzung für den nächsten Erfolgsfaktor, der in seiner großen Bedeutung sehr wohl bekannt ist. Seine Umsetzung stellt viele unausgewogene Systeme vor erhebliche Schwierigkeiten …

Bessere Kommunikation

Bei einer eindimensional formellen Kommunikation gibt es zwei Probleme: Erstens begrenzen sich die Themen auf diejenigen, die vorher festgelegt wurden. Das greift deshalb zu kurz, weil im Vorfeld oft nicht abzusehen ist, welche Information für wen von Bedeutung ist. Dementsprechend erreichen wichtige Beobachtungen nicht denjenigen, der daraus Schlüsse ziehen kann. Informelle Gesprächen dagegen streifen viele Themen, die im offiziellen Plan nicht vorgesehen sind.
Zweitens ist im formellen Rahmen oft keine Rückkoppelung vorgesehen. Die Information fließt nur in eine Richtung. Das ist für die Beibehaltung der Ausrichtung gerade in der Umsetzungsphase gefährlich, denn es entstehen durch eigene Aktionen oder Veränderungen im Außen laufend Veränderungen. Werden diese nicht frühzeitig bemerkt, fallen sie erst auf, wenn kleine Maßnahmen zur Korrektur nicht mehr ausreichen.
In funktionierenden Gemeinschaften klappt der vielschichtige Austausch untereinander. Die stehen auch nach der Besprechung zusammen und führen das Gespräch im informellen Rahmen weiter.
Eine effektive Kommunikation in einem System ohne Zusammenhalt wird darüber hinaus dadurch erschwert, dass jeder für sich alleine kämpft: Ich habe zu oft Ideenpräsentationen von Teams erlebt, in denen nicht das Ge-

samtergebnis im Mittelpunkt stand, sondern jeder seinen persönlichen Beitrag dazu hervorhob.
In solchen Gruppen kommt die informelle Kommunikation auch deshalb zu kurz, weil die Mitglieder untereinander keinen Respekt entwickeln. Wenn ein Teammitglied befürchtet, kritisiert zu werden, dann hält es seine Meinung zurück. Es wird vor allem die „gefühlten" Unstimmigkeiten nicht äußern, die als intuitives Warnsystem von großem Wert sind.
Das gilt auch für die gegenseitige Unterstützung: Die Grundhaltung ist nicht „Einer für alle", sondern „Jeder für sich". Das verhindert in unausgewogenen Systemen den nächsten Erfolgsfaktor …

Mehr Flexibilität

Wenn jeder für jeden da ist, dann springt jeder da ein, wo er gebraucht wird. Jeder hat seinen Platz und doch kann er von dort aus die Führung übernehmen, wenn die Situation es erfordert. Durch das ähnlich hohe Energielevel sind alle dazu in der Lage.
Das macht diese Gemeinschaft sehr flexibel, sowohl was den internen Ausgleich, als auch was die Reaktion auf veränderte Bedingungen angeht.
Mit diesem Prinzip lassen sich auch die internen Kräfte effizient einsetzen: Bei einem ausgewogenen Tour-de-France-Team wechseln sich die Fahrer ebenfalls in der Führungsarbeit ab. Sie ist auf viele Schultern verteilt, temporäre Schwächephasen Einzelner werden überbrückt und der Verschleiß eines einzigen Leaders vermieden. So werden die unterschiedlichen Kompetenzen optimal eingesetzt: So gibt es Fahrer, die am Berg besonders stark sind und die Gruppe ziehen, und Fahrer, die auf den flachen Etappen für das Tempo sorgen. Jeder weiß, was er kann und wann er gebraucht wird.
Und so, wie jeder seine Stärke einbringt, bringt er auch seine Sicht auf die Dinge ein …

Mehr Perspektiven

Bei der Suche nach Ideen und Lösungen werden zwei schneller fündig als einer. Wenn sich 20 Menschen gemeinsam an diese Aufgabe machen, kommen nicht um einen Faktor 20 schneller mehr und bessere Ideen heraus. Der Output sinkt relativ zur Teilnehmerzahl. Die Wahrscheinlichkeit für hochwertigere Ideen jedoch steigt.
Ein gut funktionierendes System erhöht deshalb die Sicherheit im Hinblick auf die Qualität, weil jeder seine persönliche Perspektive in den Prozess einbringt. Die Lösung wird dementsprechend von verschiedenen Seiten abgeklopft, ergänzt und verifiziert.
Diese vielen Sichtweisen sind auch in der weiteren Umsetzung von großem Vorteil: Wenn alle eine Situation aus ihrem eigenen Blickwinkel betrachten und diese Wahrnehmungen anschließend zusammentragen, wird eine bessere Einschätzung der Lage möglich. Denn oft liegt es nicht an einem mangelnden Informationsstand, dass falsche Entscheidungen getroffen werden. Es mangelt vielmehr an der richtigen Bewertung.
Doch noch viel häufiger als die falschen werden in unausgewogenen Systemen gar keine Entscheidungen getroffen …

Mehr Entscheidungsfreude

Wer Entscheidungen trifft, übernimmt Verantwortung. Für diesen Schritte ist immer Vertrauen in das System erforderlich, für das ich entscheide. Es hängt von der Systemform ab, wie viel Vertrauen darin vorhanden und wo es angesiedelt ist:
In einem System, das sich ausschließlich um ein energiereiches Zentrum gruppiert, besitzt dieses Vertrauen ausschließlich die Zentrale. In allen andere Systemteilen ist es nicht vorhanden.
In einem System, in dem jede Energieeinheit für sich steht, hat es keiner, denn es gibt kein Vertrauen ohne Zusammenhalt. Die Wahrscheinlichkeit, dass eine Entscheidung fällt, ist gering.
In einem lebenden System dagegen übernimmt jeder zu 100% Verantwortung und vertraut auf den Rückhalt der Gemeinschaft. Er ist stolz auf seine

Gruppe und weiß, dass die Gruppe stolz auf ihn ist. Das fördert die Entscheidungsfreude des Einzelnen enorm.
Es entsteht kein Zeitverlust durch das Zaudern und Hin- und Herschieben der Verantwortung. Wer vor einer Entscheidung im Sinne des Systems steht, entscheidet entschlossen.
Dieses Vertrauen auf die gemeinsamen Eckpfeiler ermöglicht es darüber hinaus, dass die Entscheidungen im Kleinen von allen akzeptiert werden, selbst wenn sie persönlich in diesem Detail anders entschieden hätten. Alle haben die wirklich wichtigen Kriterien im Blick, keiner verfällt bei Kleinigkeiten in Kontrollwahn.

Das Ergebnis

Alle diese Faktoren zusammen führen dazu, dass in einem ausgewogenen System die Energie nicht aufhört zu fließen. Das wird sowohl in der Nachhaltigkeit, der Qualität und der Schnelligkeit der Ergebnisse sichtbar, die eine Gruppe hervorbringt.
Allerdings ist auch eine ausgewogene Gemeinschaft kein Selbstläufer, die – einmal etabliert – auf ewig weiterläuft. Jedes lebende System ist Veränderungen im Innen und im Außen unterworfen.
Die Ausgewogenheit im Inneren verschiebt sich laufend, weil jeder Beteiligte sich ständig weiterentwickelt. Die Bedingungen im Außen sind ebenfalls einem kontinuierlichen Wandel unterzogen.

Damit alle dieser Veränderungen den Energiefluss nicht stören, bedarf es der kontinuierlichen aufmerksamen Wahrnehmung und Nachjustierung.
Dieses Prinzip ist Ihnen in meinem Buch schon häufiger begegnet: Die effektivste Weise, ein Flugzeug von Stuttgart nach Shanghai zu steuern, besteht in einer laufenden Überwachung der Abweichungen und sofortigen minimalen Kurskorrekturen. So ist es beim Entwicklungs- und Umsetzungsprozess beim Individuum. Und so ist es auch bei einem ausgewogenen System.
Je früher die Justierung erfolgt, desto effizienter können die Änderungen ausfallen. Jede jähe, tief greifende oder ruckartige Veränderung führt zunächst zu Energieverlust. Kleine, laufende Anpassungen dagegen beeinträchtigen den Energiestrom nicht.

In einer funktionierenden Gemeinschaft zirkuliert also Energie. Jeder gibt Energie hinein und erhält Energie zurück. Das ist gut für alle Beteiligten. Das ist gut für das gemeinsame Ergebnis. Und es ist gut für alle …

FÜR ALLE

Wenn Fische in einen für sie fremden Teich geworfen werden, sind sie zunächst orientierungslos. Keiner kennt sich aus, jeder ist verunsichert. Erst schwimmen alle kreuz und quer, doch nach kurzer Zeit formiert sich ein Schwarm.
Weil aber keiner den Mut hat, sich an die Spitze zu setzen, schließt sich einer dem anderen an und schwimmt hinterher. Das Resultat: Der Schwarm bewegt sich im Kreis an der immer gleichen Stelle. Das erfordert die wenigste Initiative, die wenigste Verantwortung und die wenigste Energie.
Es entsteht ein Schlafkreisel.

Bewegter Stillstand

Das ist die Bewegung, die energielose Haufen gut bewältigen können. Sie fühlen sich wohl in diesem Standard.
Der Schlafkreisel löst sich erst auf, wenn die Fische ihre Orientierung und ihre Energie wiedergefunden haben. Wenn diese Orientierung jedoch dauerhaft verloren geht, weil der Teich selbst sich kontinuierlich und dramatisch wandelt, dann bedarf es besonderer Umstände, damit sich die Fische daraus lösen.
Solange es im Umkreis dieses Kreisels ausreichend Nahrung gibt, stört sich kaum ein Fisch daran. Ab und zu schert ein einzelner tollkühner Fisch aus und versucht sein Glück. Doch sich alleine aus dem Schwarm zu lösen, bedeutet eine große Gefahr. Zu viele Fressfeinde lauern auf diesen Einzelnen. Deshalb schließt sich diesem einen Ausbrecher kein anderer Fisch an. Sie wissen: Die reinen Abenteurer kehren selten zurück.
Doch viele Fische fressen viel. Mit der Zeit wird das Futter in der Umgebung des Schlafkreisels knapp. Dann entsteht nach und nach Unruhe im Schwarm. Die ersten Aufrufe ergehen, dass doch neue Nahrungsquellen erschlossen werden müssten. Bundespräsidenten weisen auf die Notwendigkeit der Umstellung auf Elektromobilität hin. Bundeskanzlerinnen deuten mit dem ausgestreckten Zeigefinger in Richtung Neuland.

Doch noch konzentrieren sich die meisten darauf, den anderen die immer knapper werdenden Bissen vor Ort wegzuschnappen.

Ausbruchsformation

Innerhalb des Pulkes bilden sich jedoch einzelne Gruppierungen: Die mit einem ähnlichen Energieniveau und einer ähnlichen inneren Ausrichtung finden sich zusammen. Jeder findet seinen Platz, schöpft Vertrauen in die Gemeinschaft, ist bereit, Verantwortung zu übernehmen, Eigeninitiative zu zeigen und seine Stärken einzubringen.
Und es kommt der Zeitpunkt, zu dem sich ein solcher Trupp gemeinsam auf den Weg macht und sich auch von den weiter stattfindenden Änderungen im Teich nicht mehr schrecken lässt.
Die Fische im Schlafkreisel betrachten die genau, die sich vom Standard entfernen. Bei einigen mischt sich ein Schuss Neugier oder Neid darunter, bei vielen aber überwiegt das Unverständnis: Warum geben die sich nicht mit dem zufrieden, was sie hier vorfinden?
Und so schwimmen die meisten Fische weiter im Kreis, ohne selbst Vorbereitungen für eine Veränderung zu treffen. Sie konzentrieren sich stattdessen auf die Optimierung des Kreisels.

Der Ketchup-Plopp-Effekt

Erst nach und nach, wenn die Kunde von erfolgreichen Suchergebnissen häufiger und das Futter im Kreisel immer noch knapper wird, gerät die Ruhe im Kreisel aus den Fugen. Die, die sich einen Rest Energie bewahrt haben, schicken Späher aus, um zu erfahren, wie und wo diese Ausbrecher lohnendes Gebiet gefunden haben.
Und wie bei der Ketchupflasche nach langem Schütteln lösen sich mit einem Schlag viele Fische aus dem Schlafkreisel und schwimmen unter der Führung einiger weniger in die ausgekundschaftete Richtung.
Zurück bleibt ein Häuflein energieloser Kreaturen, die jammernd und klagend weiter die alten Kreise ziehen. Bis sie schließlich verhungern.

Die Menschheit und die Waschmaschine

Der Fortschritt der Menschheit beruht darauf, dass sich immer wieder Gruppen aufgemacht haben, neue Möglichkeiten zu erkunden. Sie setzen ihre Energie konzentriert dafür ein, um mehr Energie für alle freizusetzen.
Vor Hunderten von Jahren musste eine Gemeinschaft viel Energie dafür aufwenden, Wasser vom Brunnen zu holen, um Wäsche zu waschen. Heute drehen wir den Wasserhahn auf und schalten die Waschmaschine ein. Durch die Idee und die Umsetzung durch einige wenige wird für alle Energie frei, die vorher im Alltag gebunden war. Sie steht für die Entwicklung von weiterem Fortschritt zur Verfügung. Wenn wir immer noch Wasser am Brunnen holen müssten, könnten wir nicht über Themen wie Industrie 4.0 diskutieren.
Es ist das Erfolgsrezept der Menschheit, dass immer neue Gemeinschaften aufbrechen und sich auf die Suche nach der nächsten Stufe der Energiefreisetzung machen.
In welchen Schritten sich diese Lösung vom Schlafkreisel und erfolgreiche Suche vollzieht, lesen Sie in Teil III.

TEIL III

VIEL-
FACHE
KRAFT

15 DER WIDERSTAND

Die Trägheit der Masse

Die große Masse in Deutschland bewegt sich seit Jahren im Schlafkreisel. Um eine Idee zu bekommen, wie sich das ändern lässt, hilft ein Blick darauf, wie sich Massen typischerweise verhalten.

Schwungmasse

Eine Masse, die in Bewegung ist, hat die Tendenz, die eingeschlagene Richtung beizubehalten. Das kostet die wenigste Energie, das Momentum trägt den Koloss weiter.

Jede Kurskorrektur kostet dagegen Energie und darüber hinaus auch Zeit: Es dauert lange, bis eine Masse reagiert und dann ist diese Reaktion auch noch träge. Ein LKW-Fahrer, der mit großer Geschwindigkeit auf eine Mauer zuhält, muss entweder sehr früh abdrehen oder – falls der Weg nicht mehr reicht – so heftig in das Lenkrad greifen, dass das Gefährt ins Schleudern gerät. Bei großen Unternehmen ist das ähnlich: Jede strategische Richtungsänderung braucht lange Zeit, bis einmal die Information darüber quer durch die

Firma gedrungen ist. Dann erst beginnt sie zu greifen, wenn auch langsam. Je größer die Organisation und je länger sich alle auf die immer gleiche Richtung eingespielt haben, desto länger ist die Reaktionszeit. Und jede heftigere und tiefgreifendere Maßnahme führt zu schweren Turbulenzen mit der Gefahr der Havarie.
Der Einzelne fühlt sich schon lange überfordert, eine solche Massenbewegung umzulenken. Einer meiner Mitarbeiter hat vorher in einem Unternehmen gearbeitet, bei dem die Unterschriften von 17 verschiedenen Personen notwendig waren, um einen Antrag zu genehmigen. Der 17. wird das Formular mit großer Sicherheit unterschreiben, selbst wenn sich bei ihm Zweifel regen.
Da also die Masse nur verzögert auf Steuerbewegungen anspricht, ist eine langfristige Strategie für die Kurskorrekturen besonders notwendig. Doch gerade die großen Tanker fahren in Deutschland schon lange auf Sicht …

Das Costa-Concordia-Phänomen

Der italienische Kapitän des Kreuzfahrtschiffes Costa Concordia ließ seinen Steuermann bewusst auf Sicht und neben dem üblichen Kurs fahren. Er war sich seiner Sache sehr sicher. Doch als sie den Felsen sahen, war es zu spät. Die Zeit reichte nicht mehr, um die Kollision zu verhindern.
Deshalb beunruhigt mich die Vorstellung, dass auch viele Großunternehmen auf Kurzzeitstrategien setzen. Es ist mir klar, dass Aktionäre und Gesellschafter ihr Augenmerk auf die Quartalsgewinne richten. Dementsprechend konzentrieren sich die Verantwortlichen mehr auf die nächsten Monate als auf die nächsten Jahre. Doch damit verkürzen sie ihren Spielraum für Kurskorrekturen, wenn unvermittelt ein Fels auftaucht.
Und noch eine zweite Folge des Fahrens auf Sicht wirkt sich fatal aus: Fährt so ein großer Tanker einen großen Kreis, bemerkt es kaum einer. Denn ohne weitsichtigere Orientierung entgeht den Kapitänen, dass sie dieselbe Stelle bereits mehrfach passiert haben. Dass sie nicht vorankommen und genauso wie viele, viele andere sich in Schlafkreisel begeben haben.
Dass sie in diese Kreisbewegung einschwenken, ist kein Zufall. Diese Tendenz haben Menschen von Natur aus …

Der Drall

Untersuchungen zeigen, dass das menschliche Navigationssystem unter einem leichten Rechtsdrall leidet. Wenn wir also ohne Orientierung losmarschieren und uns vornehmen, immer geradeaus zu gehen, dann laufen wir in einem großen Kreis. Wenn wir sehr aufmerksam sind, erkennen wir, dass wir wieder am Ausgangspunkt gelandet sind. Doch die meisten Menschen gehen nicht so aufmerksam durch ihr Leben.

Mein selbstfahrender Rasenmäher hat einen Linksdrall, wie ich letzten Sommer bemerkt habe. Ob das bei Automaten häufiger so ist, kann ich nicht sagen. Ich kann nur sagen, dass ich anhand seiner Spuren erkennen kann, welche Folgen seine kleine, kontinuierliche Abweichung von der geraden Linie hat: An einigen Stellen bleibt das Gras ungemäht, während andere Stellen stündlich gekappt werden.

Das menschliche Kreisen beschränkt sich nicht nur auf die örtliche Orientierung: Auch in unseren Gedanken neigen wir zu Kreisbewegungen. Das nennt sich Grübeln und führt ebenso wenig in die Bewegung nach vorne. Die Folgen sind ähnlich wie beim Rasenmäher: Die immer gleichen Gedanken fräsen sich ein, neue Gedanken bleiben aus.

Und doch lieben wir diese Kreisbewegungen …

Eingeschliffen

Gedankliche Kreise finden ihren Ausdruck auch in Gewohnheiten. Diese schleifen sich unbewusst in unseren Alltag ein, wir bemerken meist weder ihre Entstehung noch ihr Vorhandensein. Nur wenn sie gestört werden, verspüren wir ein Unwohlsein.

Gewohnheiten sind nicht zu verwechseln mit Ritualen, die wir bewusst etablieren und ausführen. Sie sind fast festlich-feierliche Handlungen, die im Gegensatz zu Gewohnheiten Energie spenden. Rituale geben unserem Leben Stabilität – auch und gerade in Zeiten, in denen wir viele andere Dinge infrage stellen.

Gewohnheiten können mit Ritualen verknüpft sein: Mein Morgenritual ist es, mit einer Tasse Espresso in der Hand nach draußen zu gehen. Früher bin ich dafür auf den Balkon getreten. Von dort aus sah ich täglich, wie die

Schülerkarawane sich zur Bushaltestelle bewegte. Vor einigen Monaten bin ich umgezogen, hier ist vieles wesentlich besser als in meiner alten Wohnung. Und doch spürte ich am Anfang ein Unbehagen, weil die alten Gewohnheiten im neuen Heim nicht mehr griffen. Für mein Espresso-Ritual trete ich nun auf die Terrasse, von der aus ich einen sensationellen Ausblick habe. Und doch vermisste ich am Anfang den gewohnten Anblick.

Gewohnheiten sind nicht auf Individuen begrenzt. In jeder Familie, in jedem Unternehmen, in jeder Gesellschaft bilden sie sich heraus. Es sind Kreisbewegungen, die wir auch als Gruppe bewusst oder unbewusst nicht gerne loslassen. Lieber sperren wir uns gegen jede Kursänderung, die uns aus dem Kreis führt.

Der Widerstand gegen ein Ausscheren aus dem Kreis ist dementsprechend groß. Und die Optimierung ist die Form, die sich in ihrer Schrittfolge am meisten der Kreisbewegung annähert. So ist sie mehr bewegter Stillstand als nennenswerter Fortschritt.

Unbewusst bauen viele Unternehmen darüber hinaus in ihre Projekte weitere Kreisbewegungen ein …

Schleifen

Das übliche Verfahren bei einer Entwicklung ist es, mit ein oder zwei Ideen zu beginnen und diese voranzutreiben. In der Phase der Umsetzung tauchen viele weitere interessante Ideen auf, die zu Beginn nicht bedacht worden sind. Jede davon führt in eine Schleife, denn das Projekt geht an dieser Stelle erst weiter, wenn die zusätzliche Idee bewertet und eingearbeitet ist.

So hatte Mercedes bei der Entwicklung der Baureihe 124, die Mitte der 1980er-Jahre den 190er hervorbrachte, keine Konsole zwischen Fahrer und Beifahrer vorgesehen. Erst nach einiger Zeit fiel auf, dass Audi diese anbieten wird. Also sah sich Mercedes zu einer Schleife für die Entwicklung einer Konsole gezwungen. Diese war weitreichend, weil dazu auch erhebliche Änderungen im Innenraum notwendig waren.

Mit jedem Schritt ergeben sich bei diesem Vorgehen zuverlässig weitere Ideen. Entsprechend nimmt die Zahl der parallelen Schleifen zu. Der Projektverlauf bietet das Bild eines Tannenbaums: Am Start eher schmal, doch im Fortgang fächert er sich aufgrund der Schleifen immer wieder breit auf.

Jede Verbreiterung kostet viel Zeit und Kraft, deshalb schiebt sich die Produkteinführung immer weiter hinaus. Manche Entwicklungen werden in der Zwischenzeit vom Markt überholt. Sie sind veraltet, bevor sie abgeschlossen sind.
Kreise und Schleifen saugen Energie ab, ohne für Ersatz zu sorgen. Deshalb legen wir unsere Projekte definitiv kreis- und schleifenfrei an. Dafür gestalten wir unseren Projektverlauf nicht wie einen Tannenbaum, sondern wie eine Pyramide: Wir beginnen sehr breit, indem wir 100 Ideen erarbeiten. Diese durchdenken wir so weit, dass wir ihre Konsequenzen bis zum Ende grob verstanden haben. Wir wählen in der Gesamtschau zunächst zwei bis drei Ideen, um dann eine einzige zu selektieren. Nur diesen Favoriten verfolgen wir weiter.
Die Ideen, die während der Umsetzung auftauchen, beziehen sich entlang des Entwicklungsverlaufs auf immer spezifischere Details und führen daher nicht zu Schleifen. Der Prozess ist kontinuierlich auf der Zielgeraden und läuft direkt auf die Pyramidenspitze zu. Wir erreichen den Projektabschluss schnell, verlässlich und punktgenau, weil wir unsere Energie fokussiert und zielorientiert einsetzen.
Gerade bei trägen Massen ist die Energie das entscheidende Thema, wenn es darum geht, aus den Standardkreisen auszubrechen …

16

DER RUCK

Und sie bewegt sich doch

Die Masse von sich aus bewegt sich also – wenn überhaupt – immer in die einmal eingeschlagene Richtung und am liebsten im Kreis. Soll sie sich aus dem Stillstand oder aus der gewohnten Bahn herausbewegen, bedarf es immer eines Extraschubs Energie.
Das ist wie bei dem physikalischen Phänomen der Haftreibung: Sie muss überwunden werden, bevor ein Zustand sich ändert. Dafür ist wesentlich mehr Kraft erforderlich als die, mit der der erreichte neue Zustand aufrechtzuerhalten ist. Denn da greift nur noch die Gleitreibung, die einen geringeren Widerstand bietet. Doch wo kommt die nötige Energie her? In der Masse selbst scheint sie nicht zu stecken …

Der Auslöser

Der Ruck geht immer von einem Einzelnen oder einer kleinen Gruppe aus. Auch wenn die Masse, die bewegt werden soll, sehr groß ist: Der Ausgangspunkt für den Schub ist immer im Kleinen zu finden. Denn es sind nie die

Strukturen oder ihr Ausmaß, die das Hindernis darstellen: Selbst bei stark verknöcherten Hierarchien, Behörden oder Vorschriften ist das Problem stets nur der Mensch, der sie nicht ändert.

Es gibt immer wieder Beispiele für Individuen, die einen großen Ruck auslösen: Nelson Mandela, Bill Gates, Mahatma Gandhi, Martin Luther King. Solche Menschen sind von großer persönlicher Energie geprägt.

Individuelle Kraft sucht immer die Umsetzung in Bewegungsenergie. Sie steht nie nur strotzend da und prahlt. Sie will etwas in Gang setzen. Und da einer allein große Dinge nicht alleine bewegen kann, suchen sich besonders energiereiche Individuen ihre Mitstreiter, die sie für ihre Sache begeistern können. Deshalb fließt sehr oft individuelle Energie dahin, wo sie einer Masse einen Ruck versetzen kann.

Wo diese Energie fehlt, da geht nichts voran. Wir hatten vor einigen Monaten einen Kunden, mit dem sich der Vertragsabschluss weit über ein halbes Jahr hingezogen hat. Der Grund war nicht, dass wir noch unterschiedlicher Meinung gewesen waren. Das Thema hatten wir bereits unter Dach und Fach. Und doch konnte sich der Kunde nicht zur Unterschrift durchringen. Inzwischen habe ich erfahren, dass dieses Unternehmen auch mit anderen Geschäftspartnern nur zögerlich zu Potte kommt. Die fehlende Entschlusskraft ist deren generelles Manko. Offensichtlich gibt es dort keinen Ruckgeber.

Bewegungsfaktoren

Doch auch nicht jeder Ruck führt zu einer Bewegung der Massen. Ob und wie nachhaltig er wirkt, hängt von verschiedenen Faktoren ab.

Das ist wie bei einem liegen gebliebenen Auto: Ist es ein schwerer SUV und die Anschubkraft zu gering, wird er sich nicht bewegen. Schiebt ein Helfer vorne und einer hinten, wird der Wagen sich auch nicht rühren. Ist der Motor kaputt oder ausgebaut, dann nützt der kräftigste Anschieber nichts, denn ein Ruck kann mobilisieren, aber nicht motorisieren. Nach wenigen Metern ist die Fahrt wieder zu Ende.

Es gibt vier Faktoren, die darüber entscheiden, ob ein Ruck eine nachhaltige Veränderung einleitet oder nicht. Die ersten beiden hängen mit den Eigenschaften des Rucks beziehungsweise des Ruckgebers zusammen …

Ruck und Ruckgeber

Der erste Faktor ist bestimmt von der Anfangsenergie, die in dem Ruck steckt. Ist sie schwach, dann erzeugt er höchstens ein leichtes Beben in der Masse, das schnell wieder verebbt. Dann war die Energie zu niedrig, um die Haftreibung zu überwinden.

Doch auch eine sehr starke Anfangsenergie garantiert nicht den Erfolg und das hat mit dem zweiten Faktor zu tun: Gerade in sehr großen Unternehmen beobachte ich oft, dass die, die mit ihren Ideen einen Ruck erzeugen, nicht lang genug danach auf ihrer Position bleiben. Die einen verlassen das Unternehmen rasch wieder, weil sie sich in der energielosen Umgebung unterfordert fühlen. Die anderen werden angesichts ihrer auffallend guten Idee zügig auf der Karriereleiter nach oben geschoben.

Das ist ein großes Problem, denn es ist keiner da, der die Energie bei ihrem Weg in die Umsetzung hinein begleitet. Darüber hinaus kommt schon bald der nächste Ruckgeber und schiebt in eine andere Richtung an.

So hatte sich ein führendes Werkzeug-Unternehmen unter seinem damaligen Vorstandsvorsitzenden auf den Profisektor konzentriert. Sein Nachfolger kam und beschloss: Ab heute bedient diese Firma vorrangig die Heimwerker. Er vernichtete radikal die alte Positionierung und damit auch allen Invest, den der Vorgänger geleistet hatte. Doch kaum ein Jahr später war er weg. Sein Nachfolger wiederum nahm eine weitere Richtungsänderung vor.

Dieser Zick-Zack-Kurs hatte zwei schlimme Folgen: Erstens führte die Ruckenergie zu keinerlei Fortschritt im Unternehmen. Darüber hinaus wurde dadurch der dritte Faktor der Nachhaltigkeit beeinträchtigt …

Die Bereitschaft

Jeder Einzelne in einer Masse bringt sein eigenes Level an innerer Bereitschaft mit. Bei dieser ist es wie mit dem Hunger. Der kann nicht verordnet werden. Entweder Sie sind von sich aus hungrig oder eben nicht.

Ich habe es bereits erwähnt: Ich glaube nicht, dass es möglich ist, die Motivation von Mitarbeitern von außen zu erzeugen. Selbst ein finanzieller Anreiz verliert schnell an Anziehungskraft, denn wir gewöhnen uns rasch an alles Bessere und halten es für normal.

Motivation entsteht zum überwiegenden Teil im Individuum selbst: entweder durch die Entdeckung eines großen Warums oder durch eine veränderte Einstellung auf ein bestehendes Warum. Das Letztere ist einer der wichtigsten Hebel, sich selbst zu motivieren. Er wird nur zu oft übersehen.
Ein alltägliches Beispiel dazu: Ich hole regelmäßig am Abend mein Rennrad heraus. Auf meiner Lieblingsrunde habe ich oft auf der ersten Hälfte Rückenwind. Das motiviert mich sehr, wenn ich spüre, auf welche Geschwindigkeit mich meine Bewegungsenergie zusammen mit der Kraft des Windes bringt. Auf der zweiten Rundenhälfte habe ich entsprechend Gegenwind und noch dazu Hügel zu überwinden. Auf diesem Stück habe ich lange sowohl mit meiner Kraft als auch mit meiner Motivation gekämpft. Dann habe ich mir einen Fahrradcomputer besorgt. Mit dessen Hilfe stellte ich fest, dass mir die erste schnelle Hälfte zu einer sehr guten Gesamtzeit verhalf. Auch das Gegenwindstück änderte daran nichts. Jetzt schaue ich nicht mehr auf die aktuelle Geschwindigkeit, sondern konzentriere mich auf die Gesamtzeit und bleibe auch auf der zweiten Hälfte motiviert.
Die innere Bereitschaft kann darüber hinaus auch Unterstützung von außen erfahren …

Ansteckungspotenzial

Auch wenn der Einfluss der Umgebung überschätzt wird: Es macht einen Unterschied, ob Ihr Umfeld ein hohes Maß an innerer Bereitschaft hat oder nicht. Unbewusst neigt jeder von uns dazu, sich anzupassen. Deshalb lässt ein energiereicher Mensch in einer energielosen Umgebung nach – außer er nutzt seine Energie, um sich aus dem Umfeld zu lösen.
Im Umkehrschluss heißt das: Wenn die Masse ein ordentliches Bereitschaftslevel mitbringt, ist sie auch in der Lage, energielose Einzelelemente damit „anzustecken“.
Das Alter des Systems oder seine Größe sind dagegen keine direkten Einflussfaktoren auf das Maß der Bereitschaft. Allerdings ziehen große Strukturen eher als kleine solche Menschen an, die „auch mal untertauchen wollen“. Mit dieser Begründung hat mich vor Jahren einmal eine Mitarbeiterin in Richtung Großkonzern verlassen. Und mit Recht: Die Bereitschaft, Verantwortung zu übernehmen, und der Wunsch nach Untertauchen vertragen sich nicht.

Der Anteil derer, die eine innere Bereitschaft zur Bewegung mitbringen, muss auf jeden Fall ausreichend groß sein, damit auf einen Ruck eine Reaktion folgt. Wie schade, wenn dann – wie oben geschildert – eine vorhandene Bereitschaft durch mehrfache, frustrane Hauruck-Aktionen strapaziert wird. Dann sinkt das Level deutlich ab. Die Mitarbeiter verlieren das Vertrauen in das System und seine Protagonisten. Die innere Verbundenheit, falls sie bestanden hatte, wird gelöst.
Sobald das Level einer Gemeinschaft sich der Null nähert, kann kein Ruck mehr etwas an der eingetretenen Energielosigkeit ändern. Doch so weit sind wir glücklicherweise noch nicht …

Der vierte Faktor

In Deutschland ist ein ausreichendes Potenzial an Bereitschaft vorhanden. Was mich darin so sicher macht, ist die Beobachtung, dass es in diesem Land nicht an innovativen Ideen mangelt. Wir haben in der Forschung auf vielen Gebieten einen Vorsprung gegenüber anderen Ländern.
So erfolgte die Entwicklung von Flachbildschirmen bei uns, die Umsetzung für den Markt jedoch in Asien. Da fehlt es offensichtlich an Mut für den nächsten Schritt. Doch wer sich nur an der Erkenntnis erfreut, verpasst seine Chance. Dann fehlt ein Ruck in die richtige Richtung.
Denn die Richtung ist der vierte Faktor, der den Ausschlag für eine nachhaltige Wirkung gibt. Es bieten sich zwei Möglichkeiten: Entweder der Ruck geht zu einem gewünschten Zustand hin oder von einem aktuellen unerwünschten Zustand weg. Der eine hat eine eindeutige Richtung, während bei dem anderen viele Richtungen möglich sind.
Der Weg-von-Ruck ist ein klassischer Panik-Antrieb. Er ist die Übertragung des Feldhasen-Prinzips auf größere Gruppen. Dem ersten Impuls folgt schnell Verwirrung, weil mit dem ersten Schritt die Orientierung verloren ist. Das endet im schlimmsten Fall im Chaos, in den meisten Fällen jedoch verliert der Ruck und die anschließende Welle nur schnell an Antriebskraft.
Ein Hin-zu-Ruck ist dagegen gerichtete Energie. Wenn die auf eine ausreichende Bereitschaft stößt, springt nicht nur der Motor an …

17

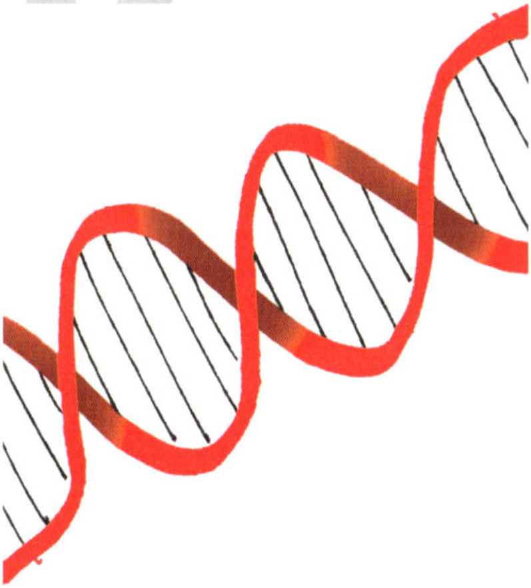

DER ANTRIEB

Kraft durch Identität

Ein Motor springt an, wenn der Zündfunke kommt und die Maschine funktionsfähig ist. Fahren wird das Auto jedoch nur dann, wenn für diesen Motor auch Treibstoff vorhanden ist. Bei einem funktionierenden Team stammt dieser aus den drei Quellen, die zusammen die Identität dieser Gemeinschaft bilden: das Ziel, die Werte und das Energielevel. Aus jeder einzelnen dieser Quellen kommt sie auf eine andere Weise, zusammen ergeben sie einen kontinuierlichen Strom.

Das Ziel

Unternehmen starten erstaunlich oft Aktionen, ohne sich vorher Zeit für die Zielfindung zu nehmen. Das fällt uns deshalb auf, weil wir zu Beginn unserer Workshops immer über das Ziel sprechen. Vor einigen Wochen sagte mir ein Entwicklungschef: „Mit Zielsetzung müssen wir uns nicht mehr befassen. Diese haben wir bereits entwickelt und die interne Zustimmung geklärt."

Ich entgegnete ihm: „Prima. Lassen Sie uns dennoch das Ziel gemeinsam anschauen."
Nach einer Stunde intensiver Diskussion sah das Ziel ganz anders aus.
Es zahlt sich im Projektverlauf immer aus, wenn Sie sich am Anfang systematisch mit dem Ziel auseinandersetzen. Werden alle Beteiligten schon zu diesem Zeitpunkt einbezogen, dann wird daraus ein gemeinsames Warum. Diese übereinstimmende Ausrichtung ist einer der Hauptquellen des Treibstoffs für den Projekterfolg.
In diesem Sinne wird die Leistung, die Beratungsunternehmen wie McKinsey bieten, von Unternehmen oft falsch eingesetzt: Berater liefern Analysen. Damit können Sie hervorragend Schwachstellen identifizieren. Doch ohne vorherige Zielsetzung zäumen Sie das Pferd von hinten auf. Denn erst ein Ziel definiert die Schwächen und Stärken, an denen das Unternehmen arbeiten muss.
Ein gemeinsames Ziel zu formen und zu transportieren, ist eine Aufgabe, die sich nicht auslagern lässt. Sie ist so eng mit der inneren Ausrichtung der Gemeinschaft verbunden, dass sie auch nur von intern geleistet werden kann. Darüber hinaus entheben auch die dicken Ordner voll Material und Umsetzungsempfehlungen, die Sie von Ihren Beratern erhalten, Sie nicht der Verantwortung: Die Entscheidung, welche der Maßnahmen Sie für Ihr Unternehmen übernehmen wollen, muss ebenfalls intern getroffen werden.
Das schmälert jedoch den positiven Effekt nicht, den der Einsatz von externen Impulsgebern haben kann: Einer meiner Freunde leitet ein Oberschulamt. Er berichtete, dass allein seine Ansage, dass eine Beratungsfirma zur Analyse ins Haus kommt, Wirkung gezeigt hat: Die Gemeinschaft hat den Ruck aufgenommen und Energie entwickelt. Das gemeinsame Ziel war, sich so gut wie möglich zu präsentieren. So haben sie schon im Vorfeld des Besuches vieles in Ordnung gebracht, von dem sie schon lange wussten, dass sie es anpacken sollten.
Die größte Kraft entfaltet das gemeinsame Ziel gerade dann, wenn nicht alles glattgeht …

Der Gegenwind

Ein Leitstern ist vor allem dann gefordert, wenn es für das Radteam nicht mit Rückenwind dahingeht. Bläst ein strammer Gegenwind, ist es wesentlich schwerer, Kurs zu halten. Selbst wenn die Gruppe eng zusammen fährt, greift er auch jeden Einzelnen an. Wer da nicht klare Richtung hält, kommt ins Schlingern. Deshalb reicht es nicht, dass nur der an der Spitze weiß, wo es hingeht, sondern jeder Einzelne. So entsteht am wenigsten Unruhe im Tross. Das gilt auch für die Situation, in der ein Hindernis einen Umweg nötig macht. Aufgrund der gemeinsamen Ausrichtung entsteht keine Debatte, ob die Richtung noch stimmt.

Darüber hinaus kann jeder ohne lange Abstimmungsgespräche die Spitze übernehmen. Diese nahtlosen Wechsel in der Führungsarbeit entlasten den Einzelnen: Die Bürde verteilt sich auf viele Schultern und je nach Erfordernis kann derjenige mit der größten Kompetenz nach vorne gehen.

Das, was die Gruppe trotz Gegenwind dauerhaft zusammenhält, sind die gemeinsamen Überzeugungen …

Der Anspruch

Ein junger Mitarbeiter von uns erklärte letzten Frühsommer vor versammelter Mannschaft, dass er kündigen werde, um ein Masterstudium anzutreten. Er werde allerdings die Kündigung erst nach dem 1.7. aussprechen, denn dann habe er Anspruch auf seinen gesamten Jahresurlaub.

Alle Anwesenden sahen ihn ungläubig an: Es passt nicht zu unseren Werten, auf Ansprüche zu pochen. Wir sprechen miteinander und finden eine gemeinsame Lösung.

Er dagegen konnte die Entrüstung, die ihm entgegenschlug, nicht nachvollziehen. Das Unverständnis bestand auf beiden Seiten. Erst in der nachfolgenden Diskussion kamen wir zu einer positiven Übereinkunft.

Das Beispiel des jungen Mannes machte deutlich: Differenzen in relevanten Wertvorstellungen sind nicht ohne Energieverlust überbrückbar. Übereinstimmende Grundüberzeugungen dagegen schweißen zusammen und machen stark.

Genauso wie ein ähnliches Energielevel …

Wachstum

Im letzten Kapitel habe ich bereits davon gesprochen, dass wir von unserem Umfeld beeinflusst werden: Ist das Energielevel um uns herum höher, strecken wir uns nach oben und werden energiereicher. Ist es niedriger, sinkt auch unsere eigene Energie.

In einem energievollen Team ist deshalb die Chance wesentlich größer, unsere persönliche Kraft zu entfalten. Die anderen bieten uns Ansporn und Vorbild dafür.

Und wir wachsen in unseren ganz persönlichen Platz in dieser Gruppe hinein …

Mein Platz

Einen großen Teil seines persönlichen Treibstoffs gewinnt der Einzelne aus der Tatsache, dass er innerhalb der Gemeinschaft genau die richtige Position eingenommen hat. Es ist die Identifikation mit der eigenen Rolle im System, die diese Energie gibt.

Ob die Rolle für einen Menschen gut ist oder nicht, wird durch zwei Kriterien bestimmt: Dabei sorgt das erste für die nötige Energie. Die entscheidende Frage dazu lautet: Löst die Rolle Engagement und Motivation bei mir aus?

Das zweite Kriterium entscheidet über die Nachhaltigkeit der Energieversorgung. Die ist gewährleistet, wenn sich ein Mensch an seinem Platz sicher, respektiert, inspiriert und wirkungsvoll fühlt.

Das ist wie bei Fußballern: Es gibt Spieler, die sind so gut, dass sie an jeder Position ihren Beitrag zum Erfolg der Mannschaft leisten können. Selbst wenn sie im Herzen Stürmer sind, bringen sie auch in der Verteidigung Leistung. Doch gehen sie in der Abwehrrolle nie wirklich auf, ihre Energie fließt nicht. Durchschnittliche Trainer geben sich damit zufrieden, weil sie das maximale Potenzial des Spielers nicht erkennen. Nur herausragende Trainer haben ein Auge dafür, an welcher Position der Spieler seine Fähigkeiten optimal einbringen und für Spitzenleistungen sorgen kann.

Das ist auch für Führungskräfte eine schwer lösbare Aufgabe: Zu entscheiden, wer in welcher Position seine bestmögliche Leistung bringt, ist schwierig. Theoretisch kann das der Mitarbeiter selbst am besten beurteilen. Die

praktische Voraussetzung dafür ist allerdings, dass dieser sich gut kennt: dass er weiß, was er kann, was er will und wo seine Motivation liegt. Dafür ist ein erhebliches Maß an Selbstreflexion notwendig.
Ist diese Selbsteinschätzung vorhanden, dann kann der Mitarbeiter zusammen mit dem Führenden eine konkrete Vorstellung von seiner richtigen Position im Team entwickeln – das ist die beste Basis für die Ergänzung eines funktionierenden Teams.
Doch die meisten kennen sich selbst dafür nicht gut genug …

65 Fehlschüsse

Eine Statistik sagt, dass etwa 70% der Personalentscheidungen bei Neueinstellungen falsch getroffen werden. Demgegenüber werden jedoch weniger als 10% davon noch während der Probezeit wieder entlassen. Die Konsequenz aus diesen Zahlen ist erschütternd: Aus 100 Neueinstellungen resultieren in über der Hälfte suboptimale Besetzungen. Und sowohl die Unternehmen als auch die Mitarbeiter akzeptieren diese Quote.
Offensichtlich nehmen weder die Bewerber noch die Unternehmen wahr, wenn der Kandidat an der vorgesehenen Position nicht so andocken kann, dass er sein Energiepotenzial ausschöpft. Die Einschätzung, wann ein Mensch 100% seiner Leistung bringt, ist allerdings an eine genaue Selbstreflexion gebunden. Das weiß ich auch von mir selbst: Bis ich an mir feststelle, dass ich nicht 100% liefere, weil ich vielleicht gesundheitlich angeschlagen oder von einem persönlichen Problem abgelenkt bin, ist mein Energielevel bereits auf 70% oder darunter abgesunken.
Die Einschätzung von außen ist besser möglich. Die Voraussetzung dafür ist, dass der Beobachter viel Aufmerksamkeit und Erfahrung mitbringt.
Doch selbst wenn eine von beiden Seiten erkennt, dass die Passung klemmt: Die meisten ziehen zu spät oder überhaupt nicht die Konsequenz und trennen sich. Das gilt sowohl für die Unternehmen als auch für die Mitarbeiter.
Wir haben die Erfahrung gemacht, dass auch ein ausgefeiltes Bewerbungsverfahren die Trefferquote nicht wesentlich erhöht.

Zügig und konsequent

Der Schluss, den wir für uns daraus ziehen, ist, dass wir neue Mitarbeiter bevorzugt nach einem überzeugenden Praktikum übernehmen. Bei anderen Bewerbungen entscheiden wir möglichst bereits nach zwei Gesprächen über eine Einstellung. Dann legen wir sofort los. Wir beobachten jedoch täglich die Situation: Wie kommt der Neue zurecht? Wie sieht seine Leistung aus? Wie viel Bereitschaft und Durchhaltevermögen zeigt er?

Wichtig ist uns dabei nicht so sehr die Frage, was der oder die Neue kann, sondern vielmehr, welches Potenzial die Person zeigt: Wie geht sie mit dem Input um? Wie viel Feedbackschleifen braucht sie, um die nötige Qualität zu erreichen? Reduziert sich die Zahl der Schleifen mit der Zeit? Oder werden die Ergebnisse nach der Überarbeitung sogar schlechter?

So verschaffen wir uns zügig ein klares Bild und treffen eine Entscheidung. Unserer Erfahrung nach wissen wir bereits nach der ersten Woche, ob wir uns eine langfristige Zusammenarbeit vorstellen können. Setzt der Kandidat in den ersten Tagen mehr Ausrufezeichen als Fragezeichen, dann beobachten wir in den nächsten drei oder vier Wochen, ob sich der Eindruck bestätigt. Und nur wenn beide Seiten klar „Ja" sagen können, geht es gemeinsam weiter. Überwiegen die Fragezeichen, dann trennen sich die Wege auch schon nach wenigen Wochen.

In der gesamten Zeit bleiben wir im engen Austausch, sodass es für keinen eine böse Überraschung gibt.

Bei den regulären Einstellungen haben wir dagegen nur eine Quote von 30% von Mitarbeitern, die über die Probezeit hinaus bei uns bleiben. Doch diese konsequente Strategie macht unser Team stark, denn jeder bringt seine ganze persönliche Kraft ein. Wir achten darauf, dass das Energielevel bei allen ähnlich hoch ist. Denn sind die Unterschiede zu groß, verlassen die Guten das Unternehmen oder reduzieren ihre Leistung auf das Niveau der Schwächeren. Mit beidem ist unserer Gemeinschaft nicht gedient.

Mit diesen Eckpunkten bei der Zusammenstellung erzielen wir ein Ergebnis, das mehr ist als die einfache Summe des individuellen Energieeinsatzes …

18

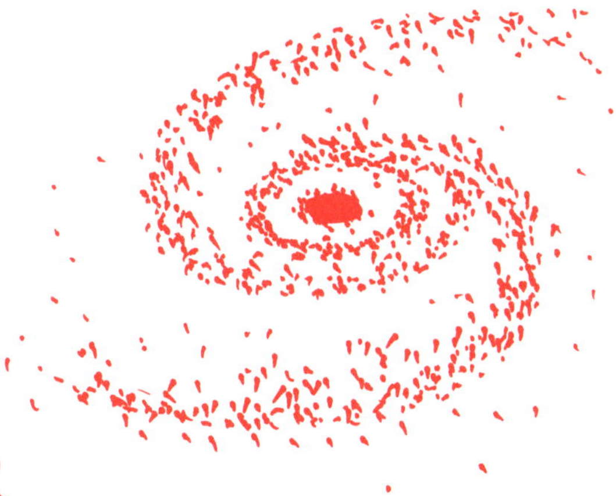

DAS WUNDER

Wie sich Anziehungskraft vervielfacht

Gemeinschaften ohne inneren Zusammenhalt liefern als Ergebnis im besten Fall die Summe der Einzelleistungen. Das genügt, um den Standard zu erreichen. Doch warum ist nicht mehr möglich? Dafür sind zwei ganz unterschiedliche Menschentypen verantwortlich: die Egos und die Mitschwimmer.

Ego-Wesen

Jürgen Klinsmann sagte einmal: „Mit einem Egotrip kannst du jedes Unternehmen ruinieren." Das entspricht meiner Erfahrung sowohl in Gemeinschaften wie in Projekten.
Erstaunlich viele unter den energiereichen Menschen konzentrieren sich ganz auf sich und ihre Interessen. Das gilt für Jüngere wie für Ältere. So gut sie auch sind: In wichtigen Projekten behindern sie damit das Ergebnis.
Dieser Hang zu Alleingängen ist ein Wesenszug. Wenn ich so etwas bei uns beobachte, spreche ich den Mitarbeiter darauf an und kläre mit ihm, warum

sein Verhalten kontraproduktiv ist. Und doch handeln die meisten Egozentrierten immer wieder so: Entweder sie verstehen das Thema in seiner Konsequenz erst gar nicht oder sie bekommen es trotz der Erkenntnis nicht in den Griff.

Egotrips haben inneren Zwangscharakter: Der ist bei manchen besonders stark ausgeprägt. Sie machen damit sich und ihrem Umfeld das Leben schwer und zerstören jeden Zusammenhalt. Ich habe vor einigen Jahren einem Freund eine große Summe Geld geliehen, als er in einer schwierigen Situation war. Ich habe das Geld nie wieder gesehen. Im Gegenteil: Mein Freund war ganz erstaunt, als ich ihn auf die Rückzahlung ansprach. Der Betrag war gefühlt in seinen Besitz übergegangen.

Von einem erfahrenen Investmentbanker habe ich später gehört, dass mein Freund damit die typische Reaktion von Menschen in Geldnot gezeigt hat. Er rate deshalb in solchen Fällen dazu, den Betrag nicht zu verleihen, sondern gleich zu verschenken. Denn dann verlieren Sie mit dem Geld nicht auch noch eine Freundschaft.

Natürliches Ego

Egoismus steckt in jedem von uns. Das ist für das Überleben wichtig. In der Gemeinschaft jedoch wirkt er, wenn er unkontrolliert bleibt, zerstörerisch. Wer sich dessen bewusst ist, weiß, dass er lernen muss, sein Ego zu steuern. Gerade wenn Sie sich emotional verletzt fühlen, stammt dieses Gefühl zu 90% von Kratzern am Ego. Es ist wesentlich leichter, das Verletzungsgefühl abzulegen, wenn Sie wissen, dass es „nur" eine Sache des Egos ist. Das spart Ihnen viel Energie, denn Auseinandersetzungen, die Sie zur Verteidigung Ihres Egos führen, schaden sowohl Ihnen als auch Ihrem Umfeld.

Dabei hat die Größe des Egos nichts mit der Größe der Leistungsfähigkeit eines Menschen zu tun. Die Verführung, dem Ego freien Lauf zu gewähren, ist sehr mächtig, wenn Ihr Umfeld Ihnen laufend bestätigt, dass Sie Außergewöhnliches leisten. Doch die wertvollsten Mitstreiter sind immer die, die ihre Größe in den Dienst des Mannschaftsziels stellen.

Es ist kein Zufall, dass Portugal bei der Fußball-Europameisterschaft 2016 das Finale gewinnen konnte, obwohl ihr Star, Cristiano Ronaldo, früh ausgewechselt werden musste. Trotz seines teils exzentrischen Gehabes ist er ein

sehr mannschaftsdienlicher Spieler, der sein Team auch vom Spielfeldrand unterstützt.
Der Gegenpart zum Egoisten ist der Mitschwimmer …

Auf Rezept

Mitschwimmer sind vorrangig damit beschäftigt, sich selbst über Wasser zu halten. Darüber hinaus haben sie weder die Energie noch den Weitblick, um sich wirkungsvoll in die Gemeinschaft einzubringen. Darum tragen sie nichts Nennenswertes zum gemeinsamen Fortschritt bei. Sie erwirtschaften in einem Unternehmen im besten Fall ihre eigenen Kosten, einen Gewinn erzielen sie nicht. Sie sind klassische Nullbringer.
Sie sind auch dauerhaft auf den Push von außen angewiesen, um sich fortzubewegen. Deshalb wirken sie wie Ballast. Sobald der Schub der anderen fehlt, fallen sie zurück.
Ich beobachte das häufig im Fitnessstudio: Viele kommen, weil der Arzt ihnen eine Krankenkassen-Verordnung dafür gegeben hat. Sie absolvieren brav zweimal die Woche ihre Übungen. Dabei machen sie einen zufriedenen Eindruck, so als ob sie die positive Wirkung spüren. Doch sobald das Rezept ausläuft und ihre Eigeninitiative gefragt ist, enden auch ihre Besuche. Sie gleiten in ihre alten Gewohnheiten zurück.
Dieses Phänomen gibt es auch in Unternehmen: Solange ein zukunftsträchtiges Projekt von energiereichen Protagonisten vorangetrieben wird, werden die Mitschwimmer von deren Schwung mitgespült. Doch sobald das Projekt endet und die Energie von außen versiegt, versinken sie wieder im Alltagstrott.

Mitschwimmerqualitäten

Ich behaupte, dass es keine Gemeinschaft ohne Mitschwimmer gibt. Das ist bis zu einem gewissen Anteil nicht schlecht, denn auch sie haben ihre Qualitäten: Zum einen sorgen sie für Stabilität. Sie benehmen sich wie ein Tanker, der lange Zeit unbeirrt von äußeren Einflüssen in die gleiche Richtung weiterfährt.

Das hat schon manchem Unternehmen das Überleben gesichert: Im vorletzten Kapitel habe ich von einem großen Unternehmen berichtet, das mit dem Wechsel seines Vorstandsvorsitzenden radikal seine Ausrichtung verändert hat. Und ein Jahr später das Steuer wieder herumgerissen hat. Hätten viele Mitschwimmer diesem Treiben nicht ganz gelassen zugesehen, wäre der Tanker bei diesem Schlingerkurs garantiert in massive Schieflage geraten. So haben diese Strategiewechsel das Unternehmen „nur" viel Geld gekostet. Die große Masse hat in der Zwischenzeit weitergemacht wie bisher.

Die zweite Qualität zeigen Mitschwimmer dann, wenn es um ein Abarbeiten von Umsetzungsaufgaben geht. Sie unterstützen so die Gemeinschaft, auch wenn sie selbst nie eine Rakete abheben lassen könnten.

Noch gibt es auch Jobs, die können ausschließlich von Mitschwimmern gut erledigt werden. Wer am Fließband steht, als Reinigungskraft oder im Sicherheitsservice arbeitet, dem sind individuelle Neigungen und Eigeninitiative bei der Arbeit eher hinderlich. Es gibt genug Menschen, die es sogar schätzen, sich in einer mittelmäßigen Beschäftigung vor jeder Verantwortung wegducken zu können.

Die Zahl der Berufe mit diesem Anforderungsprofil wird jedoch dramatisch sinken. In Zeiten von Industrie 4.0 brechen sie ersatzlos weg. Dann wird sich erweisen, wie die Wegducker reagieren werden, wenn sie keine Beschäftigung mehr finden. Ich bin jedenfalls zutiefst davon überzeugt, dass in wenigen Jahrzehnten nur noch die arbeiten werden, die Spaß und Erfüllung in ihrer Erwerbstätigkeit finden. Die anderen werden vom Bedingungslosen Grundeinkommen leben und in der energielosen Gestaltungslosigkeit versinken. Und werden nicht wissen, warum das so ist …

Unbewusstes Schwimmen

Mitschwimmer sind sich selten bewusst, dass sie wesentlich mehr Energie hätten, wenn sie das tun würden, was zu ihnen passt. Der Energieschwund durch Fremdanleihen lässt sich sogar körperlich nachweisen, zum Beispiel mit kinesiologischen Muskelprüfungen wie den Armtest. Damit stellen Sie zuverlässig fest, dass Sie mehr Kraft entwickeln, wenn Sie an etwas denken, das Ihnen entspricht. Denn die Individualität geht nie in den Erwartungen

anderer auf. Es ist wie bei Salz- und Zuckerkristallen: Die beiden vermischen sich, verschmelzen jedoch nie.
Aus den vielen Gründen, die ich in Teil I dieses Buches aufgeführt habe, können die Mitschwimmer gedanklich nicht unterscheiden, was ihnen entspricht und mit was sie nur den Erwartungen entsprechen. Es ist eine sehr mühsame Aufgabe, die Salz und Zuckerkristalle einzeln anzusehen und zu separieren.
Ich habe beschrieben, was für ein bewusster Akt notwendig ist, um diese Trennung zu vollziehen und sich aus der Umklammerung der Erwartungen zu lösen. Ich selbst bin im Alter von 20 Jahren aus meinem Heimatort genau aus diesem Grund weggezogen: Es fiel mir deutlich leichter, meinen Lösungsprozess in einer Umgebung zu vollziehen, die keine vorgeprägten Erwartungen an mich hatte. Ich hätte mir ansonsten viel mehr Gedanken darüber machen müssen, welche Folgen das unvermeidliche Anecken dabei für mich und auch für meine Eltern gehabt hätte.
Kein Mensch kann übrigens überall Treiber sein – das übersteigt das Energiepotenzial selbst der kraftvollsten Individuen. Es ist auch nicht notwendig, in allen Bereichen seines Lebens voranzuschwimmen. Jeder kann und darf auch mal Mitschwimmer sein. Entscheidend ist, dass Sie wissen, welche Themen für Sie wesentlich sind: Bei diesen gehen Sie in die Gestaltung. Bei den übrigen Themen lassen Sie anderen den Vortritt.
Da, wo jedoch Menschen ihre Energie in ein funktionierendes System einbringen, geschieht etwas Wunderbares: Ihre gemeinsame Leistung übersteigt die Summe ihrer Einzelleistungen deutlich. Außergewöhnliches wird möglich.
Zwei Besonderheiten führen dazu …

Achten und ergänzen

Das erste Phänomen lässt sich bei Weltmeistermannschaften gut beobachten: Jeder der Spieler hat große Fähigkeiten und will gewinnen – das ist die Grundvoraussetzung, dass das Team überhaupt am Turnier teilnehmen kann. Darüber hinaus aber muss jeder bereit sein, nicht nur für sich, sondern auch für seine Mitspieler zu kämpfen. Diese Bereitschaft muss von innen kommen, denn sie lässt sich nicht verordnen.

Kein System kann von außen erzwingen, dass seine Mitglieder füreinander einstehen. Solche Zwangsgemeinschaften sind nie von Dauer und deshalb nicht von nachhaltigem Erfolg geprägt.
Denn nur in einer funktionierenden Gemeinschaft fühlen sich alle eingebettet und es steht jeder bereit, auch für die Fehler seines Nebenmanns einzustehen. Jeder fühlt die Gesamtverantwortung und handelt dementsprechend. Deshalb ergibt sich die Stärke der Teams nicht aus der Addition der Einzelspielerprofile, denn eine Schwäche des einen wird durch die Stärke eines anderen ausgeglichen.
Noch mehr Einfluss hat die psychische Stärkung: Da jeder weiß, dass andere bereitstehen, falls ein Spielzug misslingt, traut sich der Einzelne mehr zu. Er geht mehr Risiko zugunsten besonderer Spielzüge ein. Das sind die Moves, die die Chance für den genialen Zug bieten.
Das schafft eine angstfreie Atmosphäre, denn Fehler sind erlaubt. Und wer angstfreier handelt, kann seiner Kreativität freien Lauf lassen. Mit diesem Vertrauen in sich und die anderen steigt die Wahrscheinlichkeit, dass der besondere Spielzug gelingt.
Das ist wie in einer Seilschaft im Hochgebirge: Das Leben aller hängt davon ab, dass alle mitdenken. Jeder weiß, dass sie nur gemeinsam ans Ziel kommen. Doch nicht nur auf diese Weise machen sich Mitglieder funktionierender Gemeinschaften gegenseitig immer besser …

Pushen und lernen

Sogenannte High Performer zeichnen sich durch Kompetenz, Eigeninitiative und Verantwortungsbewusstsein aus. Solche Menschen wirken ansteckend auf andere, bei denen eine entsprechende innere Bereitschaft und Energie vorhanden ist. Sie ziehen sie mit.
Darüber hinaus entsteht zwischen denen, die sich ganz vorne bewegen, ein positiver Wettbewerb: Sie pushen sich gegenseitig zu noch höheren Leistungen. Das ist ähnlich wie bei einer Gruppe guter Radfahrer: Tritt einer kräftig in die Pedale, dann geben alle Gas. Selbst wenn nicht alle an die Spitze gelangen können oder wollen, geben alle ihr Bestes mitzuhalten.
Die reinen Mitschwimmer werden in einem solchen Prozess automatisch abgehängt, denn sie bemühen sich nicht einmal um den Anschluss. Sie

denken: „Die warten dann schon auf mich. Ich kann es weiterhin ruhig angehen lassen."
Einer meiner Mitarbeiter hat an einem Mountain-Bike-Rennen teilgenommen. Er berichtete, dass die härtesten Augenblicke die waren, wenn an einem Berg die Ersten abstiegen und schoben. Dieser Anblick habe ihn enorm viel Kraft gekostet, denn viele um ihn herum ließen sich davon anstecken. Die Pusher unter den Fahrern sind sich der Gefahr dieses Moments bewusst, überwinden ihn und steigen eben nicht ab.
Diesen Schwächemoment gibt es in vielen Konstellationen: In Präsentationen, wenn der Chef eine Meinung äußert und viele automatisch nicken. Oder in Diskussionen, wenn die politische Korrektheit die Konturen der Meinungen verschwimmen lässt. Oder wenn einer beginnt, auf der Mikroebene des Frosches zu mäkeln, und alle Versuche, in die Vogelperspektive zu kommen, von der Gruppe abgestraft werden.
Wer sich der Macht dieses Augenblicks bewusst ist, kann ihn leichter überwinden.
Doch nicht nur das gegenseitige Pushen macht die High Performer in der Gemeinschaft so wertvoll: Wie ein guter Stürmer in einer Fußballmannschaft wissen die sehr guten Leute im Team, dass sie ohne den Rest der Mannschaft kein herausragendes Ergebnis erzielen. Also setzen sie ihre Energie dafür ein, die anderen an ihr Niveau heranzuführen. Auch hier sind deren innere Bereitschaft und Befähigung die Voraussetzung. Ist die gegeben, dann lernen die Guten von den sehr Guten und können auf lange Sicht zu ihnen aufschließen.

Das sind die Gründe, warum funktionierende Gemeinschaften bessere Ergebnissen liefern als die Addition der Einzelleistungen vermuten lässt. Deshalb sind sie in der Lage, über den Standard hinauszugehen.
Die Frage, die sich anschließt, ist: Lässt sich diese Rechnung beliebig fortsetzen? Bringen immer mehr Mitglieder immer mehr Leistung?

19

DIE CHANCE

Tausend Augen offen

Mit der Zahl der Mitglieder einer funktionierenden Gemeinschaft wächst das Potenzial für hervorragende Leistungen. Ein schönes Beispiel habe ich beim Bau meines Hauses mitverfolgt …

Ich sehe was, was du nicht siehst

Der Elektriker hatte einen Fehler gemacht. Der Mann vom Rohbau erkannte die Unstimmigkeit und sprach ihn darauf an. In diesem Stadium war es noch keine große Sache, die Korrektur vorzunehmen. Hätte der Rohbauer dagegen gesagt: „Das ist nicht meine Verantwortung, also mische ich mich nicht ein", dann wäre ein erheblicher Schaden entstanden. Doch er nahm die Gefahr für das Gesamtsystem wahr und wurde aktiv.
Ich selbst ging als Student Projekte gerne zu zweit an, weil es mir Sicherheit gab. In dieser Phase der Entwicklung war das vorteilhaft, denn damit stieg die Zuverlässigkeit in der Ergebnisqualität. Erst mit den Jahren und der Erfahrung wuchs mein Vertrauen in mich und meine Leistungsfähigkeit.

Das ist der Vorteil von funktionierenden Gemeinschaften: Jeder wirkt als Korrektiv für das Gesamtergebnis mit. Zwanzig Augen sehen viele Gelegenheiten und Stolperfallen, die einer alleine übersieht. Und je mehr Augen sich daran beteiligen, umso größer ist die Wahrscheinlichkeit, dass alles erfasst wird.
Wir Europäer empfinden die Chinesen schon allein deshalb als Bedrohung, weil es so viele sind. Dort gibt es inzwischen zahlreiche Millionenstädte, von denen wir hier noch nicht einmal die Namen kennen. Falls China eine funktionierende Gemeinschaft ist, dann ist unser Empfinden berechtigt.
Doch nicht nur der Rundumblick wird durch eine größere Zahl an Beteiligten verbessert …

Führungswechsel

Zugvögel kennen das Prinzip schon lange: Für den weiten, gefährlichen Flug von einem Saisonquartier zum anderen schließen sie sich zu möglichst großen Gruppen zusammen. So sparen sie Energie, erkennen Gefahren schneller und der Einzelne ist besser geschützt. Und trotz der Größe kann der Schwarm schnell reagieren.
Die Spitzenflieger können sich in der Führung abwechseln, weil sie alle das gleiche Ziel haben. Je mehr sich in der Spitze beteiligen, desto zügiger kommt der Schwarm voran.
So arbeiten wir in unseren Projekten auch: Je nach Entwicklungsstufe gehen andere Beteiligte in die Verantwortung. In den kreativen Prozessen sind es wir, wenn es an die Umsetzung geht, ist es die Entwicklung, später ist es die Produktion und der Vertrieb.
In manchen Unternehmen gibt es wenig Verständnis für eine Projektorganisation, in der die Verantwortung nicht an einen Einzelnen gebunden ist. Dieses Misstrauen ist ein Zeichen, dass die Manager ihre Erfahrung auf nicht-funktionierende Gemeinschaften stützen. Dort haben sie erlebt, dass entweder einer oder keiner die Verantwortung ernst nimmt. Sie halten deshalb andere Organisationsformen für unsicher. Und verzichten damit auf den Vorteil der projektgesteuerten Führung, bei der jeder das gemeinsame Resultat im Blick hat. Im Mittelpunkt steht die Verantwortung für die Sache, nicht eine Person.
Und damit auch die Qualitätsdecke …

Tief oder breit

Mit wachsender Größe kann eine funktionierende Gemeinschaft auch in der Breite zuverlässig Qualität liefern. Je kleiner eine Gruppe ist, desto mehr muss sie sich fokussieren. Das gilt allerdings nur, wenn Spitzenqualität gefragt ist: Bei einem Hausmeisterservice, der sowohl im Garten als auch im Haus nach dem Rechten sieht, genügt es, wenn das Team sowohl vom Rasenmähen und Heckeschneiden als auch von Elektro- und Sanitärinstallationen ein bisschen Ahnung hat.

Wollen Sie jedoch herausragende Ergebnisse erreichen, müssen Sie sich entscheiden: Sind Sie groß genug, um diese auch in der Breite zu liefern, oder fahren Sie mit einer Fokussierung besser? HOMAG zum Beispiel konzentriert sich trotz seiner Größe ganz auf Maschinen zur Holzbearbeitung. Damit ist das Unternehmen zum Weltmarktführer geworden. Selbst VW als größter Autobauer konzentriert sich – bis auf Ausrutscher wie den Phaeton – auf „Volkswagen“ und erreicht nur auf dieser Plattform die angestrebte weltweite Marktführerschaft. General Electrics dagegen hat sich für die Breite entschieden und kann das dank seiner Größe leisten.

Die Größe alleine verleiht auch mehr Power …

Vergessene Elche

Das war damals gut bei Mercedes zu beobachten. Als die A-Klasse beim Elchtest umfiel, nahm der Konzern 11 Millionen Euro für eine Werbekampagne in die Hand und machte den Elch vergessen. Für ein kleines Unternehmen wäre die Situation zu einem nachhaltigen Problem geworden. Eine große Organisation dagegen verfügt über die Mittel, den Markt zu durchdringen und zu beeinflussen.

Das sehen Sie auch an Gemeinden, deren Name mit besonderen Ereignissen verknüpft wird: Winnenden wird den meisten nur als Ort eines Amoklaufs im Gedächtnis bleiben. Wäre dasselbe in Berlin passiert, wäre die Verbindung zwischen Begriff und Geschehen bei Weitem nicht so nachhaltig und ausschließlich.

Wenn Sie alle genannten Effekte betrachten, dann scheint die Rechnung, dass immer mehr Mitglieder zu immer mehr Erfolg einer funktionierenden

Gemeinschaft führen, aufzugehen. Leider gibt es mit dem Wachstum auch einige gegenläufige Phänomene …

Mitschwimmer-Magnetismus

Energiereiche Menschen sammeln sich da, wo sie einen Sinn im Einsatz ihrer Energie sehen. Wo dieser Sinn verloren gegangen ist, docken sie nicht an. Mitschwimmer dagegen haben kein Problem mit dieser energielosen Ausstrahlung. Im Gegenteil: Sie empfinden diese Neutralität als attraktiv.
Je größer der Anteil der Mitschwimmer ist, desto mehr verdecken sie den Rest der sinnhaften Ausstrahlung. Der Energiepegel sinkt noch weiter. Im gleichen Maße geht Flexibilität verloren: Denn die Mitschwimmer übernehmen keine Verantwortung, beobachten nicht das Umfeld und entwickeln keine Eigeninitiative. Der Tross wächst und seine Wendigkeit sinkt.
Und so gelingt es kleinen, agilen Firmen immer wieder, große Unternehmen in existenzielle Bedrängnis zu bringen. Denn die Mitschwimmer sehen nur mit offenem Mund zu, was diese schnellen Truppen machen. Bis sich der Tross zu einer Reaktion durchgerungen hat, haben die Kleinen ihr Ziel bereits erreicht und sind wieder weg.
Dabei ist es nicht unmöglich, dass ein großer Schwarm gut und zügig reagiert und diese Guerillaattacken problemlos abwehrt. Louis M. Gerstner, ein früherer Vorstandsvorsitzender von IBM, beschreibt das in seinem Buch „Wer sagt, Elefanten können nicht tanzen“: Wenn der Rhythmus stimmt und die Energie da ist, dann sind auch die Großen in der Lage, ihren Takt selbst zu bestimmen. Doch von allein geschieht das nicht ….

Visions-Kultivierung

Die Zugkraft der Vision ist bei den großen wie den kleinen Gemeinschaften der entscheidende Faktor für Identität und Erfolg. Gute Beispiele unter den Großen sind Apple, IBM, Virgin, Microsoft. Sie haben alle ein starkes verbindendes Warum.
Geht dieses als sinnstiftender Teil der Identität verloren, wird die Organisation orientierungslos und verliert an innerem Zusammenhalt. Von Siemens

hat jahrelang niemand mehr gewusst, für was sie eigentlich stehen. Ob es Joe Kaeser gelingt, das zu ändern, wird sich zeigen. Er hat jedenfalls noch viel Arbeit vor sich, denn ein packendes Warum zu entwickeln und zu bewahren, ist eine mühevolle Aufgabe. Doch sie lohnt sich: So ist es Dieter Zetsche gelungen, Mercedes wieder eine Richtung zu geben. Das tut diesem Tanker sehr gut. Vor der Aufgabe, das Warum zu kultivieren, stehen nicht nur große Gemeinschaften. Sie stellt sich allen.
Für Gruppen, die stark von einzelnen Menschen geprägt sind, wie inhabergeführte Unternehmen, ist die Herausforderung kleiner, solange der Gründer noch an Bord ist. Sobald jedoch die Nachfolge ansteht, gibt es häufig Probleme. Die rühren daher, dass die bisherige Identität mit dem Wechsel in Gefahr gerät.
Doch selbst wenn die persönliche Kontinuität gewahrt ist und nur das Unternehmen stark gewachsen ist, ist Anstrengung nötig, um die Identität zu wahren. Reinhold Würth zum Beispiel macht sich die Mühe, regelmäßig seine Botschaften als Video an seine Belegschaft zu senden. So stärkt er immer wieder die gemeinsame Ausrichtung, gerade wenn Kurskorrekturen anstehen.
Neben der Vision ist es die Mission, in die Sie bei größeren Gruppen investieren sollten, um die Größe positiv nutzen zu können.

Missions-Kultivierung

Damit in Projekten das Prinzip der wechselnden Verantwortlichkeiten funktioniert, müssen alle Beteiligten von Anfang bis Ende eingebunden sein. Diese Erfahrung haben wir vielfach gemacht. Deshalb binden wir gerade am Anfang eines Projektes möglichst alle ein. Es löst oft Erstaunen aus, wenn wir zum Beispiel Einkauf und Vertrieb in die ersten Gespräche dazuholen. Doch wir bestehen darauf, denn wir wissen: Wenn diese zu Beginn keine Gelegenheit bekommen, ihre Wünsche und Anforderungen zu äußern, werden sie vom Ergebnis weniger begeistert sein. Und mit entsprechend weniger Begeisterung später ihren Teil zum Erfolg beitragen.
Diese Einbindung hat eine große psychologische Wirkung: Deshalb bemühen wir uns besonders, die größten Projektgegner früh mit einzubeziehen und zu erkennen, welche Themen ihnen die Schmerzen bereiten.

Wir halten die Verbindung auch während des Projekts zu allen Beteiligten aufrecht, auch wenn je nach Phase die Intensität der Beteiligung variiert. Die wiederholte gemeinsame Ausrichtung auf das Projektziel zahlt sich aus, weil die Projektgemeinschaft nur dann funktionieren kann.

Die Mühe

Mit der intensiven Arbeit an Vision und Mission kann es auch sehr großen Gemeinschaften gelingen, den inneren Zusammenhalt, die Energie und die Ausrichtung zu erhalten. Doch viele sparen sich die Mühe, die damit verbunden ist. Sie lassen es mit einer flammenden Rede bei einer Mitarbeiterversammlung bewenden. Doch selbst wenn im Anschluss alle brav klatschen, ist das noch lange kein Zeichen, dass jeder sein Warum entdeckt hat.
Die Arbeit an Vision und Mission fruchtet jedoch nur dann, wenn genügend Mitglieder die innere Bereitschaft für die Aufnahme mitbringen und der Anteil der Mitschwimmer klein bleibt. Die wichtigste Erstmaßnahme für funktionierende Gemeinschaften ist es deshalb, ihre Identität nicht nur für sich zu entwickeln, sondern sie auch nach außen sichtbar zu machen. Damit ziehen sie von vorneherein die passenden Interessenten an und stoßen reine Mitschwimmer durch diese scharfe Konturierung eher ab.
Doch das eigentliche Problem in unserem Land ist nicht die große Zahl der Mitschwimmer …

Was fehlt

Es mangelt uns an Richtungsänderern. An denen, die ihre Energie in die Identität und den Ruck geben, damit die Masse den Schlafkreisel des Standards verlässt.
Die Mitschwimmer sind weiterhin da und geben auch in großen funktionierenden Gemeinschaften das wünschenswerte Maß an Stabilität. Gleichzeitig sind dann genug energievolle Menschen da, um die Power der Masse in die Richtungsänderung zu leiten. Dann kann die Ablösung vom Standard und die Hinwendung zum Fortschritt gelingen.
Wir brauchen Entschlusskraft, die sich auf die Masse überträgt …

20

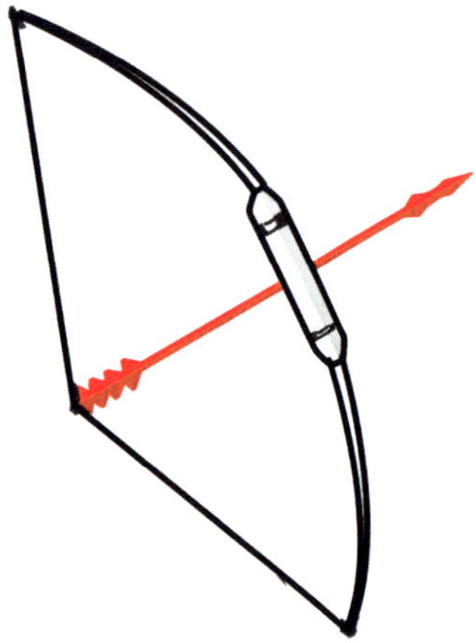

DIE ENTSCHEIDUNGSKRAFT

Heute ist der richtige Tag

Eine Gemeinschaft als Ganzes kann keine großen Entscheidungen treffen. Selbst in einem gut funktionierenden Team muss der eigentliche Entschluss von einem Einzelnen oder einem eng begrenzten Kernteam kommen.
Die Ursache dafür ist, dass eine Übereinkunft *für eine* Sache in der Gruppe möglich ist, das *Aussortieren der vielen* anderen Möglichkeiten und die Übernahme der Verantwortung dagegen eine zähe und anspruchsvolle Aufgabe darstellt. Doch echte Entscheidungen sind immer mit Verzicht verbunden.

Richtungsverzicht

Große Entscheidungen bedeuten immer eine Richtungsänderung. Ist ein Projekt erst einmal auf die Schiene gebracht, fallen große Entscheidungen nur noch an vorher definierten Stellen und dann, wenn sich die äußeren Bedingungen ändern. In den Phasen dazwischen genügt die Korrekturarbeit im Kleinen.

Erst, wenn ein neues Ziel ausgewählt oder eine erhebliche Kurskorrektur vorgenommen werden muss, stehen auf einmal wieder viele Richtungen offen, sodass eine Gemeinschaft mit der Entscheidung und der Verantwortung dafür überfordert ist. Denn jeder hat seine eigene Perspektive auf die Situation und zieht daraus Schlüsse. Der aktive Verzicht auf all diese Richtungen bis auf eine fällt deshalb bei jedem anders aus.
Das gilt besonders, wenn es um schmerzhafte Themen geht, bei denen Kündigungen oder andere unpopuläre Maßnahmen anstehen. Wenn ich mir vorstelle, Napoleon hätte mit seinen Soldaten diskutiert, ob er in die Schlacht ziehen soll, in der wahrscheinlich 30% der Männer fallen werden: es wäre keine Entscheidung zustande gekommen. Und das gegnerische Lager hätte die Chance eiskalt genutzt.
Deshalb wird zum Beispiel in der Diskussion über Dieselfahrverbote eine Entscheidung nicht aus der Masse heraus entstehen, sondern von Einzelnen getroffen werden müssen, die wiederum den Druck der Masse mit einberechnen. Mit diesen Einzelnen meine ich dezidiert die Führung der Gemeinschaft …

Mitreden statt mitentscheiden

In jeder Gemeinschaft gibt es die, die führen. Das ist auch in funktionierenden Gemeinschaften so.
Wo die Führung nicht offiziell eingesetzt wird, entsteht sie organisch aus der Gruppe heraus. Die Führung muss nicht dauerhaft an eine Person gebunden sein, sie kann von einem auf den anderen übergehen, wenn der Stand des Projektes oder die Situation es sinnvoll macht. Doch zu jeder Zeit ist die Führung an einen Einzelnen oder ein kleines Kernteam gebunden.
Und diese Führung hat die Entscheidung zu treffen.
Das heißt nicht, dass der Rest der Gemeinschaft nicht mitreden darf. Es ist im Gegenteil von grundlegender Bedeutung für den Zusammenhalt, dass jeder Beteiligte seine Sicht der Dinge einbringen kann und auch gehört wird. Das wirkt sich auch positiv auf die Qualität der Entscheidungen aus: Die Führung muss diese Perspektiven kennen, um die beste Entscheidung treffen zu können. In ihrer Hand liegt die Prüfverantwortung für die zusammengetragenen Aspekte. Und weil alle Beteiligten ihre Sicht einbringen konnten, vertrauen sie auf die Entscheidung.

Es ist wie bei einem Bienenvolk: Die meisten Bienen fliegen zu den bereits bekannten Pollenfeldern und sichern die aktuelle Versorgung. Einige wenige fliegen weiter weg oder in eine andere Richtung, um Neuland zu erkunden. Kommt eine zurück und berichtet von einer lohnenden Entdeckung, machen sich nicht sofort alle auf den Weg. Erst fliegen einige ausgewählte Bienen dorthin und überprüfen die Lage. Kommen sie als Führungskernteam zu der Entscheidung „Gutes Erntegebiet", dann machen sich viele andere ohne weiteres Zaudern dorthin auf den Weg. Es wäre unendlich zeit- und kräfteraubend, wenn jede Biene die Entdeckungs- und Prüfflüge selbst vornehmen würde.

Trifft das Kernteam keine Entscheidung, fliegt die Masse nicht.

Entscheidungsverweigerung

Trifft die Führung keine Entscheidung, dann entsteht diese Entscheidung auch nicht aus dem Rest der Gemeinschaft heraus. Beispiele dafür gibt es viele. Eines der bekanntesten ist Nokia: Der Niedergang ist nicht der Belegschaft, sondern der Unternehmensspitze anzulasten. Diese hatte den Smartphone-Trend verschlafen, obwohl die Entwicklung bereits offensichtlich war. Der Mann am Fließband hatte keinen Einfluss auf diese Einschätzung.

Die Führung ist immer der maßgebliche Faktor dafür, wie Entscheidungen und auch vorangehende Gespräche verlaufen. So hatten wir vor einigen Monaten in einem Unternehmen eine Diskussion über Design-Ideen. Das Team vor Ort nahm sofort die Froschperspektive ein und führte die Auseinandersetzung auf der Mikroebene. Auf dieser Ebene lässt sich jede große Idee mit Leichtigkeit zerstören. Ich fragte mich damals, woher dieser Hang zum Detail in diesem Team kam. Die Antwort fand ich schnell in der Person des Unternehmensleiters: Auch er bewegte sich ausschließlich auf der Mikroebene. Und sein Team verhielt sich im vorauseilenden Gehorsam ebenso.

In diesem Fall hatte das Unternehmen das Glück, dass kurz darauf ein neuer Geschäftsführer kam, der das Thema auf die strategische Ebene hob. Als Glück bezeichne ich diesen Wechsel deshalb, weil auf der Mikroebene nur Optimierung möglich ist. Für jede echte Innovation brauchen Sie die Vogelperspektive.

Ich werde heute misstrauisch, wenn ich erfahre, dass ein Unternehmen sechs oder sieben Design-Firmen gleichzeitig anfragt. Das ist ein sicheres Zeichen dafür, dass es schon im Anfangsstadium an Entschlusskraft mangelt. Denn das ändert sich in den nächsten Schritten erfahrungsgemäß nicht. Und wenn in der zweiten Runde die Geschäftsführung zwar einen Favoriten wählt, aber trotzdem noch die Abteilungsleiter in die Entscheidung einbeziehen will, dann wird klar: Hier möchte jemand seine eigene Entschlusslosigkeit verdecken.
Dabei ist dies kein Plädoyer für einsame Entschlüsse. Im Gegenteil: Nur wenn die Entscheidung zur Identität der Gemeinschaft passt, ist es eine Entscheidung, die zum Erfolg führen kann. Eine Erfolgsgarantie ist das nicht, denn auch eine Identität braucht eine Entwicklung. Ob veraltet oder modern: Vorhanden ist eine Identität immer …

Untrüglich

Ich habe es schon mehrfach erwähnt: In jeder Gemeinschaft bildet sich bewusst oder unbewusst eine Identität heraus. Sie kann energiereich oder energielos, klar oder verschwommen, rückwärts, vorwärts oder seitwärts gerichtet sein. Und wenn Sie darauf achten, sind die Kennzeichen leicht zu entdecken. Sie erkennen sie nicht nur in den Gesprächen und in den Geschichten, die Sie hören. Sie sehen sie mit eigenen Augen, wenn Sie sie zum ersten Mal treffen.
Ich achte inzwischen bei meinen Besuchen bei Unternehmen sehr bewusst auf diese Eindrücke, auch wenn ich sie anfangs ganz wertfrei auf mich wirken lasse. So betrachte ich zum Beispiel zunächst die Architektur vor Ort. Gibt es vielleicht noch das historische Gebäude aus der Gründungszeit? Wie sehen die aktuellen Firmenbauten aus?
Dann fahre ich auf den Parkplatz und registriere: Aha, die Plätze ganz vorne sind für die Unternehmensspitze reserviert, während die für die Gäste am weitesten vom Eingang entfernt sind.
Ich trete ein und nehme wahr: Ist von der Dame am Empfang nur die Frisur zu sehen, weil sie hinter ihrem Tresen verschanzt ist? Werde ich freundlich begrüßt oder nicht? Wie lange muss ich warten?
In der Produktion sehe ich, wie fortschrittlich die Maschinen und die Arbeitsplätze sind. Wird schon an der Farbgebung klar: Seit den 1970er-Jahren hat sich hier nichts mehr verändert?

Aus der Summe dieser unzähligen Details erhalte ich einen untrüglichen Eindruck, welche Identität diese Gemeinschaft prägt. Und welche Entscheidungen es sind, die dazu passen …

Keine Freude

Fällt eine Führung eine Entscheidung, die der Identität der Gemeinschaft zuwiderläuft, dann kann sie die Umsetzung erzwingen. Doch das erhoffte Ergebnis wird mit Sicherheit ausbleiben, weil Unterstützung und Entschlossenheit fehlen.
Wenn das Familienoberhaupt beschließt, dass das Urlaubsziel dieses Jahr die Berge sind, obwohl der Rest der Familie ans Meer will, dann kann er darauf bestehen. Freude wird er in diesen zwei Wochen nicht haben.
Das Gleiche gilt für die Situation, dass die Geschäftsführung eine unpassende Entscheidung trifft. Selbst wenn die Mitarbeiter zähneknirschend zustimmen, wird es spätestens in der Umsetzung haken. Die Reaktionen reichen bis zum Boykott oder dem verbissenen Versuch zu beweisen, dass die vorgeschlagene Lösung gar nicht umsetzbar ist.
Deshalb muss die Entscheidung so sein, dass sie zumindest für einen erheblichen Teil der Organisation mit ihrer eigenen und der Firmenidentität in Übereinklang zu bekommen ist.

Die Untergrenze

Die unterste Grenze liegt bei etwa 30%. Daraus lässt sich eine ausreichend große Unterstützergemeinschaft formieren, die die Umsetzung dieser Entscheidung weiterverfolgt. Es gibt selten mehr als 10% lautstarke Gegner, während die schweigende Mehrheit aus weitgehend neutralen Mitschwimmern den Fortgang weder wesentlich unterstützt noch behindert.
In der Politik wie in den Unternehmen wird der Umgang mit den dezidierten Gegnern unterschiedlich gehandhabt: Die einen verfolgen sie und machen sie mundtot, die anderen bemühen sich darum, sie einzubeziehen. Wir bevorzugen den zweiten Weg und erkundigen uns aktiv nach Widersachern von Projekten. Erstens basiert eine solche Gegnerschaft häufig nur auf der

Angst vor unwägbaren Veränderungen. Zweitens können wir uns mit der Kritik auseinandersetzen, wenn sie offen geäußert wird. Wenn Sie den Gegnern keine Gelegenheit geben, ihren Standpunkt darzulegen, werden sie mit Sicherheit im Untergrund gegen Sie arbeiten.
Das Vorgehen, nicht auf eine absolute Mehrheit zu warten, sondern auf eine ausreichende Schar von Unterstützern zu bauen, kann zu großen Erfolgen führen. Dafür gibt es Beispiele auf den unterschiedlichsten Ebenen …

Geglückte Umbauten

Jogi Löw war deshalb so wichtig für die deutsche Nationalmannschaft, weil er eine Entscheidung für ein Spielsystem traf. Dieses deckte sich nicht mehr mit jeder Spieleridentität, also baute er das Team entsprechend um. Und wurde Weltmeister.
Die Geschäftsführerin eines mittelständischen Unternehmens hatte sich zur Durchführung eines Projektes entschlossen, obwohl der Leiter der Entwicklung der Meinung war: „Das kann unmöglich funktionieren. Und außerdem wird es zu teuer." Sie stellte daraufhin aus den Mitarbeitern, die sich mit der Idee identifizieren konnten, ein schlagkräftiges Team zusammen. Und gemeinsam führten sie das Projekt zum Erfolg. Heute, zwei Jahre später, ist klar: Es funktioniert und ist wirtschaftlich.
Wo so ein Umbau des Teams nicht möglich ist, sind auch Veränderungen extrem schwierig: Ich habe vor ein paar Jahren mit dem Rektor einer Schule gesprochen. Er sagte mir: „Ich würde gerne andere Saiten aufziehen, doch ich scheitere daran, dass der Stamm der Lehrer an dieser Schule alteingesessen und eingefahren ist. Doch diese auszutauschen ist in einem Beamtensystem praktisch unmöglich." Das ist mit ein Grund, warum ein Großteil unserer Verwaltung so unkreativ ist und systembedingt bleiben wird.

Die passende Entscheidung

Es ist also wichtig, dass der Entscheider nicht nur die Energie für eine Entscheidung mitbringt, sondern auch eine gute Einschätzung dafür, welche Entscheidungen ein ausreichend großer Anteil der Gemeinschaft mittragen

kann und will. Sonst läuft seine Entscheidung ins Leere und kostet alle Beteiligten viel Energie ohne Aussicht auf Erfolg.
Aus diesem Grund ist es besonders fatal, wenn sich die Führung gerade in schwierigen Zeiten von der Gemeinschaft abkoppelt. Sobald sie die gemeinsame Ebene verlässt, geht der innere Zusammenhalt verloren und damit die Basis für den Erfolg. Denn gerade in schwierigen Zeiten ist die Gemeinschaft auf eine starke Identität angewiesen, um die Durststrecken zu überwinden …

21

DER WILLE

Den Schmerz überwinden

Es gibt keine Umsetzung ohne Schwierigkeiten. Noch nicht einmal bei Standardabläufen ist ein reibungsloser Ablauf garantiert. Allerdings wächst die Wahrscheinlichkeit von Problemen mit dem Anspruch und der Größe eines Vorhabens.
Der Schluss, den ich für mich aus dieser Erkenntnis ziehe: Ich bevorzuge große Probleme, denn das ist ein Zeichen, dass ich große Schritte mache. Misstrauisch werde ich, wenn sich keine Herausforderungen ergeben. Dann entwickelt sich offensichtlich nichts Neues.
Doch jede Herausforderung kann in eine Krise führen. Und jede Krise kostet Kraft, weil sie durch den Schmerz führt …

Energiewahrnehmung

Eine Krise ist immer spürbar: Es kommt zum Energieverlust. Wer sehr achtsam ist, kann das an sich selbst wahrnehmen: Die Obergrenze der Leistungsfähigkeit verschiebt sich nach unten.

Ich gehe seit einiger Zeit nicht mehr ins Fitnessstudio, sondern arbeite mit einem Personal Trainer. Er gibt mir Übungen und Zeittaktungen vor und ich teste mein volles Belastungspotenzial aus. Deshalb bin ich inzwischen sehr sensibel geworden für die Unterschiede in meiner körperlichen Leistung. An Tagen, an denen ich unangenehme Anrufe oder schwierige Mitarbeitergespräche hatte, ist sie deutlich herabgesetzt.
Diese Sensibilität haben jedoch nur wenige gelernt. Von Natur aus bemerken wir ein niedrigeres Energieniveau erst, wenn es bereits auf 70% abgesunken ist. Und selbst dann schätzen wir den Grad des Verlustes noch zu niedrig ein. Das ist in Zeiten, in denen große Teile der Bevölkerung zu wenig oder schlecht schlafen, ein ernstes Problem. Wir akzeptieren ein Maß an Müdigkeit als normal, obwohl es unbemerkt unsere Leistungsfähigkeit bereits massiv beeinträchtigt.
Dabei sind die Auswirkungen sichtbar: Wenn Sie zum Beispiel ein schwieriges Thema wiederholt von einem auf den nächsten Tag verschieben, dann liegt das an Ihrem verminderten Energielevel. Oder wenn Ihr Optimismus nicht die übliche Durchschlagskraft hat. Oder Sie den gleichen Satz dreimal lesen müssen, bevor Ihnen der Inhalt klar wird. Oder Sie unbemerkt kleine Entscheidungen im Projektverlauf verzögern. Alle diese Folgen von fehlender Energie vermindern Ihre Effizienz beträchtlich.
Denn Energieabfall macht sich auch in Konzentrationsverlust bemerkbar. In dem legendären Fußballspiel gegen Schweden, in dem die deutsche Nationalmannschaft nach einer Stunde mit 4:0 führte, wurde das deutlich. Nicht die fußballerischen Fähigkeiten oder die mannschaftliche Geschlossenheit der Deutschen hatten in den letzten 30 Minuten nachgelassen. Es war ein reines Konzentrationsthema. Auf diesem Leistungsniveau werden die entscheidenden Nuancen fast immer von der Fokussierungsfähigkeit auf das Spiel bestimmt.
Und doch hätte wohl jeder Spieler von sich behauptet, immer noch konzentriert zu spielen, weil der eigene Energieverlust nur schwer wahrzunehmen ist. Da Krisen bei anspruchsvollen Aufgaben unvermeidlich sind, erweist sich die Qualität einer Gemeinschaft auch und besonders darin, wie sie mit Krisen umgeht.
Dieser Umgang hat ganz maßgeblich mit Vertrauen zu tun …

Vertrauen in die Person

Betrifft die Durststrecke einen Einzelnen, dann fangen in einer funktionierenden Gemeinschaft die anderen diesen Energieverlust auf. Wenn sein ursprüngliches Level stimmt, hat das System das Vertrauen in den Einzelnen: Alle glauben daran, dass er seine Krise überwinden und wieder einsteigen wird.

Das Vertrauen ist wechselseitig: In diesem Klima kann der Mitarbeiter sich zu seiner Schwächephase bekennen. Er muss nicht auch noch Energie in den Anschein stecken, dass alles in Ordnung ist. Er kann sich darauf konzentrieren, so bald wie möglich wieder in seine Kraft zu kommen.

Voraussetzung ist, dass er sich dieses Vertrauens würdig erweist. Denn Krisensituationen sind immer auch Drucksituationen. Der Umgang mit Druck ist stark von der Persönlichkeit abhängig. Manche reagieren darauf mit Orientierungslosigkeit und Fehlverhalten. Sie werfen ihre Werte über Bord. Sie entziehen damit ihrer Zugehörigkeit zu der wertebasierten Gemeinschaft die Grundlage.

So hat mir letztes Jahr ein befreundeter Geschäftsführer von einem seiner Mitarbeiter erzählt: Der war erst vor einem Jahr zu der Firma gestoßen. Aufgrund seiner Position hatte er Zugang zu sämtlichen sensiblen Daten. Doch der junge Mann steckte in einer persönlichen Notsituation und fälschte unter diesem Druck eine Unterschrift. Das hatte keine weiteren strafrechtlichen Folgen und doch entschloss sich mein Freund dazu, die Kündigung auszusprechen. Er hatte nicht das Vertrauen, dass der Mitarbeiter in der nächsten Krisensituation besonnener reagieren würde. Und der Mitarbeiter hatte Verständnis für diesen Schritt.

Betrifft die Krise nicht nur einen Einzelnen, sondern das ganze System, ist eine Vertrauensebene über die persönliche hinaus notwendig …

Vertrauen in die Zusammenhänge

Was in einer übergreifenden Krise zählt, ist das Vertrauen in das System und seine Identität. Dieses Vertrauen basiert darauf, dass jeder Beteiligte im Grundsatz diese Zusammenhänge versteht und sich so gedanklich und in der Diskussion sinnvoll einbringt. Allein die Möglichkeit, mitzureden und

Einfluss zu nehmen, lässt das Vertrauen wachsen. Nicht jeder muss diese Möglichkeit nutzen, doch jeder muss sie nutzen dürfen. Verstehen ohne Rederecht hat nicht halb so viel Wirkung.
Diese Diskussionsbereitschaft stellt eine anspruchsvolle Aufgabe für die Führung dar. Dabei sind die Beteiligten sehr sensibel, ob diese Bereitschaft nur zähneknirschend signalisiert wird oder gelebt und sogar gefördert wird.
Eugen Hornberger, der verstorbene Gründer von HOMAG, erzählte mir vor vielen Jahren, dass er jeden Tag einmal durch die Produktion geht. Bei diesem Gang war er für jeden, der dort arbeitet, ansprechbar: Er stand für alle Fragen, Themen und Anregungen zur Verfügung. Er sprach seine Mitarbeiter auch aktiv an und interessierte sich für sie persönlich. Er wusste, dass diese Mitarbeiter den Weg zu ihm eher nicht finden würden, also ging er zu ihnen. Er lebte das „Management by walking around", lange bevor es diesen Begriff gab.
Aus diesem Verständnis für die Zusammenhänge heraus versteht auch jeder, warum welche Entscheidungen getroffen werden. Auch wenn er selbst eine andere Meinung vertreten hat, kann er nachvollziehen, was zu dem anderen Entschluss geführt hat. Eine Identifikation wird möglich.
In so einer offenen Gesprächskultur werden Schwierigkeiten schneller und aktiver zum Thema gemacht als in restriktiven Organisationen. Es findet eine ständige Rückkoppelung statt, die viele Schwierigkeiten schon im Anfangsstadium sichtbar macht. Es entstehen nicht weniger Herausforderungen, doch diese werden bereits im Entstehungsprozess erkannt und können mit weniger einschneidenden Maßnahmen überwunden werden.

Risikofaktor Peter-Prinzip

Misserfolge sind mit die härteste Herausforderung im Umsetzungsprozess. Sie säen Zweifel am Ziel, nagen am Selbstbewusstsein und stellen den Zusammenhalt auf die Probe. Doch auch in diesen Zeiten halten funktionierende Gemeinschaften länger durch, weil sie Vertrauen haben: Jeder wird an seine Grenzen gehen, um die Situation zu lösen.
Solange sich jeder sicher ist, dass er am richtigen Platz ist, bleibt der innere Zusammenhalt auch in schwierigen Zeiten bestehen. Umso wichtiger ist es, dass jeder angedockt hat und diese Dockung auch immer noch zu ihm passt.

Die regelmäßige eigene Überprüfung ist ein wichtiger Beitrag, den jeder zum Zusammenhalt leisten kann. Gerade die High Performer, die nach dem Peter-Prinzip so lange in der Hierarchie nach oben wandern, bis sie eine Stufe erreicht haben, die sie überfordert: Wenn sie in der Führung ihres Systems nicht wirklich angedockt haben, versagen sie der gesamten Gemeinschaft den Erfolg. Denn sie haben nicht die Verbundenheit, die den Ansprüchen von Krisenzeiten genügt.
Denn nur eine funktionierende Gemeinschaft wird lange genug durchhalten, um außergewöhnliche Leistungen zu bringen.

Wenn Aufgeben keine Option ist

Das Durchhaltevermögen ist der Schlüssel zum Erfolg. Innovationen scheitern nicht an der fehlenden Machbarkeit, sondern daran, dass die Beteiligten aufgeben, bevor sie am Ziel sind.
Am Grad der Schwierigkeit können Sie den Unterschied zwischen Standard und Herausragendem ablesen. Denn es gibt einen typischen Reflex bei nicht-funktionierenden Teams: Sobald Schwierigkeiten auftauchen, werden Schuldzuweisungen ausgesprochen. Um diese Versagenssituationen zu vermeiden und in der Komfortzone zu bleiben, wird der Anspruch reduziert. Das ist dasselbe Phänomen wie in der Politik: Bei Widerstand wird der kleinste gemeinsame Nenner statt die gute Lösung gesucht. Damit verfestigt sich der Standard immer weiter.
Funktionierende Gemeinschaften dagegen bleiben beharrlich. „Geht nicht“ akzeptieren sie als Aussage nicht. Sie suchen so lange, bis sie Ideen dafür gefunden haben. Eine Idee funktioniert nicht? Kein Problem. Dann werden wir eine gleichwertige andere finden. Das Ziel bleibt bestehen.
So ist das Durchhaltevermögen der letzte Baustein für den Erfolg der funktionierenden Gemeinschaft. In ihr verbindet und vervielfacht sich die Energie der Einzelnen.
Das ist es, was unser Land braucht, um sich aus der tödlichen Umarmung des Standards zu lösen und endlich wieder innovativ zu werden. Mit allen positiven Folgen für das Individuum, die Wirtschaft und die Gesellschaft …

MIT
ENERGIE
IN
POTENZ
KOMMEN
WIR
VORAN!

Erst gelebte Individualität ermöglicht es dem Menschen, sein gesamtes Energiepotenzial zu nutzen. Das ermöglicht ihm, in die Selbstverantwortung, in die Gestaltung seines Lebens und in die Umsetzung seiner Ziele zu gehen. So und nur so erlangt er Erfüllung.
Wer in dieser Kraft steht, ist darüber hinaus in der Lage, andere Individuen anzuziehen. Über die Identität der Gemeinschaft entsteht ein innerer Zusammenhalt, der die gemeinsame Leistung über die Summe der Leistungsfähigkeit des Einzelnen hinauswachsen lässt.
In solch einem funktionierenden System potenziert sich die Energie, die der Einzelne hineingibt. Und mit dieser Energie in Potenz erst sind zukunftsweisende Veränderungen möglich.
Die Folgen davon, wenn immer mehr Menschen ihre Individualität entdecken, entwickeln und leben, zeigen sich zuerst beim Einzelnen …

DER ENERGIEREICHE MENSCH

Jeder Mensch will schöpferisch tätig sein. Es ist ein Grundbedürfnis, sich in der Welt Ausdruck zu verleihen. Mit den eigenen schöpferischen Fähigkeiten in Einklang zu sein, ist der Sinn des Lebens.
Das individuelle Schöpfertum beschränkt sich nicht auf das, was wir üblicherweise darunter verstehen: Es findet seinen Ausdruck nicht nur im Töpfern, Musizieren oder Dichten. Gestalten können Sie im Garten genauso wie beim Kochen, bei der Führung eines Teams oder dem Entwurf einer kühnen Strategie für Ihre Firma, bei der Erforschung von neuen Werkstoffen oder der Organisation eines weltweiten Hilfswerks.
Vor einigen Wochen hat mir ein junger Mann erzählt, dass er höchste Befriedigung beim Bügeln findet. Er liebt es, das Faltige wirksam in glatten Stoff zu verwandeln und sich gleichzeitig konzentriert seinen Gedanken widmen zu können.
Die Möglichkeiten zur Gestaltung sind so zahlreich wie die Individuen. Unabhängig davon, was es ist: Selbstwirksam in die Gestaltung der persönlichen

Ziele zu gehen, bringt Erfüllung und Energie. Ich wünsche jedem Menschen, dass er das erleben darf.
Einer unserer schöpferischsten Triebe ist der Fortpflanzungstrieb. Auch wenn wir uns selten darüber Gedanken machen: Kinder zu zeugen und großzuziehen, ist ein unglaublicher Akt der Gestaltung.
An diesem Beispiel wird besonders deutlich, wie eng Gestaltung mit Verantwortung verbunden ist. Und das ist es, was jemandem fehlt, wenn er keine eigene Möglichkeit sieht, seine schöpferische Kraft auszuleben …

Gestaltung ohne Verantwortung

Aggression und Zerstörung sind die rudimentärste Form der schöpferischen Aktivität. Sie sind für ihn der Beweis der Selbstwirksamkeit. Ein Mensch greift dann auf diesen Beweis zurück, wenn er sich selbst nicht kennt. Dann weiß er nicht, welche gestalterische Tätigkeit ihn erfüllen könnte. Er hat also kein eigenes Warum. Aus diesem Mangel heraus lässt er sich von dem Warum eines anderen leiten.
Das Problem dabei ist, dass nur ein eigenes Warum mit Verantwortungsgefühl verknüpft ist. Für ein fremdes Warum trägt dagegen ein anderer die Verantwortung.
Gerade radikalisierte Menschen sind verzweifelt auf der Suche nach dem Warum. Sie leben ihre Individualität nicht, deshalb kennen sie auch das Gefühl der Erfüllung nicht. Stattdessen sind sie ausschließlich auf die Anerkennung von außen angewiesen. Dafür gehen sie bis zum Äußersten – denn sie ahnen nicht, dass dieses ihnen nie Erfüllung bringen kann.
Bis zum Schluss empfinden sie keine Verantwortung, sondern schieben sie an die Anführer, die Umstände oder die Feinde ab. Das demonstrieren IS-Kämpfer tagtäglich genauso wie eine Beate Zschäpe.
Doch nicht nur in diesen Extremfällen zeigt sich, dass Gestaltung ohne Verantwortung zu keinem positiven Ergebnis führt.

Zusammenstoß

Die milderen Formen von Verantwortungslosigkeit zeigen sich in alltäglicher Aggression und persönlichem Egoismus.
Aggression ist ein Zeichen von impulsivem Getriebensein, anstatt von besonnenem Gestalten. Sie ist weitverbreitet, auch in unserer scheinbar zivilisierten Gesellschaft. Die größte Freude mancher braver Kleinbürger ist es, mit röhrenden Kettensägen riesige Bäume zu fällen.
Oder sehen Sie SUV-Fahrer an: Ein überdurchschnittlich großer Anteil davon ist äußerlich oder innerlich ziemlich klein. Wem das Gefühl der Selbstwirksamkeit fehlt, der legt sich ein entsprechendes äußeres Instrumentarium dafür zu.
Noch wesentlich mehr Verbreitung findet der Egoismus. Ich schwimme im Sommer bei uns im Freibad regelmäßig meine 1000 Meter. Ist das Wetter schön, ist das Becken voll. Die Bahnen sind doppelt und dreifach belegt. Und doch schwimmen manche Besucher weiterhin auf dem Rücken. Sie gehen davon aus, dass alle anderen ihnen ausweichen. Nur manchmal stoßen zwei von ihnen mit dem Kopf zusammen.
Wenn die Zahl der Menschen mit gelebter Individualität wächst, sinkt die Wahrscheinlichkeit für solche Zusammenstöße auf vielen Ebenen …

Aufbruch in die Verantwortung

Positive Gestaltung ist immer mit Verantwortung verbunden: Die gilt sowohl für die Auswirkungen meines Handelns auf die anderen als auch auf mich selbst. Ich bin überzeugt, dass wissentlich zerstörerisches Verhalten in der Natur und in der Gesellschaft durch Einzelne massiv abnimmt, sobald wir der Individualität und damit der Eigenverantwortung mehr Raum geben.
Das gilt auch für das selbstzerstörerische Verhalten, das viele Menschen in Bezug auf ihre Gesundheit zeigen. Bei wem die Selbstverantwortung zu einem starken Warum führt, der spricht nicht nur davon, Bequemlichkeit in Aktivität zu verwandeln. Er tut es auch: Er achtet auf Ernährung und regelmäßige Bewegung.

So ist neben der persönlichen Erfüllung die Verantwortung der wichtigste Motor für die positive Entwicklung, die von der Individualität für den Einzelnen ausgeht.
In der Wirtschaft macht sich vorrangig die potenzierte Energie in den Ergebnissen bemerkbar …

DIE ENERGIEREICHE WIRTSCHAFT

In energiereichen Teams nimmt jeder den Platz ein, an dem er persönlich gestalten kann. Das Feld der Gestaltung ist weit und jeder besetzt nur einen kleinen Ausschnitt, sodass die gegenseitige Ergänzung eine der Quellen der Zusatzenergie ist.
Ich bemerke an mir, dass mich eine kurze Beschäftigung mit Buchhaltungsthemen für Stunden in der kreativen Arbeit blockiert. Ich bin sehr froh, dass einer meiner Mitarbeiter in diesem Thema gestalterisch aufgeht. Denn die Erfahrung zeigt, dass jeder dann erfüllt arbeiten kann, wenn er seine Stärken stärkt und sich nicht über Gebühr mit seinen Schwächen quälen muss.
Deshalb bestehen gute Teams aus Menschen mit sehr unterschiedlichen Stärken, die sich ergänzen und vervollständigen. Das ist die Voraussetzung für exzellente Ergebnisse.
Die Gemeinschaft kann Ziele erreichen, die anderen unmöglich erscheinen. Sie kann sich vom Gewöhnlichen lösen und Außergewöhnliches schaffen. Sie kann die Zukunft gestalten, anstatt sie nur zu optimieren. Sie bringt Innovationen und Fortschritt statt Standard und Stillstand hervor.

Vom Verhinderer zum Ermöglicher

Mit dem Vertrauen auf das Team ist es für deren Führung wesentlich leichter, Entscheidungen für die Gruppe zu treffen. Er kennt deren Identität, er sieht die passende Richtung und hat den Mut, ins Risiko zu gehen. Er weiß, was das Team leisten kann und auch wird.
Damit hat er die Chance, vom Verhinderer zum Ermöglicher zu werden. Denn es sind die Ermöglicher, die mit ihren Entscheidungen die Rahmenbedingungen für besondere Leistungen schaffen. Sie übernehmen damit eine Verantwortung, vor der sich die Verhinderer drücken.
Jede aktive Veränderung setzt eine Entscheidung voraus. Doch eine bewusste Entscheidung ist immer mit Verantwortung verbunden. Deshalb geben

Verhinderer ihr Bestes, um möglichst viele Aspekte zu finden und groß zu machen, die gegen die Veränderung sprechen. Sie bevorzugen stets die Nicht-Entscheidung. Damit geht ebenfalls eine Verantwortung einher, doch diese ist kaum sichtbar. Dafür werden die Verhinderer in den Standardsystemen auch nicht zur Rechenschaft gezogen: Solange die Unterlassungssünden häufiger belohnt als bestraft werden, wird sich daran auch nichts ändern.
Selten werden Unterlassungssünden so schnell abgestraft, wie aktuell bei der Umstellung auf die E-Mobilität. Noch immer dauert es oft Jahre, bis die Folgen von Nicht-Entscheidungen schmerzhaft sichtbar werden.

Aufbruch in die Zukunft

Steigt die Zahl der funktionierenden Teams und Unternehmen, sinkt automatisch die Zahl und die Macht der Verhinderer. Damit öffnet sich die Tür für mehr Innovation.
Wenn immer mehr Firmen ihren Schlafkreisel verlassen, motiviert und zwingt das andere Unternehmen. Der Effekt ist derselbe wie bei den Fischen: Die ersten Ausbrecher werden kaum beachtet. Doch mit ihrer wachsenden Zahl wächst auch die Überzeugung bei den anderen, dass sich das Wagnis lohnt.
Ist eine kritische Masse erreicht, wird das Ausbrechen zur Normalität. Zurück bleiben nur die, bei denen die Energie bereits komplett erloschen ist. Sie kreisen noch so lange, bis sie tot zu Boden sinken.
Es gibt nur einen einzigen Wirtschaftszweig, der unter dieser Entwicklung leiden wird. Der Unterhaltungsindustrie mit ihren Freizeitparks und stumpfen Computerspielen bricht die Zielgruppe weg, weil immer mehr Menschen selbst gestalten, statt sich gestalten zu lassen.
Und wenn immer mehr Menschen mit viel Energie und Selbstverantwortung in die Gestaltung ihres Lebens und ihres Umfeldes gehen, verändert sich auch die Gesellschaft …

DIE ENERGIEREICHE GESELLSCHAFT

Immer ausgefeiltere Regelwerke reduzieren die Selbstverantwortung des Einzelnen auf ein Minimum. Keiner muss über eigene Bewertungen nachdenken. Schließlich haben andere bereits niedergelegt, was richtig und gerecht ist.

Die Folge der überbordenden Regulierung ist, dass wir alle unglaublich viel Energie aufwenden müssen, um damit umzugehen. Wir haben eine Komplexität geschaffen, die zum Verwalten zwingt. In unserem Unternehmen sind wir nur eine kleine Truppe und doch kümmert sich ein Mitarbeiter um nichts anderes als das Managen des externen Verwaltungsaufwands.

In der Begegnung mit Vertretern verschiedener Ämter in den letzten Jahren hat sich in mir auch der Gedanke gefestigt, dass ich vielen der Beamten lieber eine Kettensäge in die Hand drücken würde, damit sie ihr Machtbegehren beim Baumfällen ausleben können. Dabei ist mir klar, dass die Verwaltung nur das verwaltet und umsetzt, was die Politik festgelegt hat. Der Beamte ist Opfer und Täter zugleich.

Ich bin sicher, dass auch sie innerlich den Wunsch nach Gestaltung spüren. Doch für die Entfaltung einer Persönlichkeit ist in einem reglementierten System kein Platz. Und das führt automatisch zu einer unterschwelligen Aggressivität.

Aufbruch in die Identität

Durch den Zwang zur Verwaltung wird unvorstellbar viel Energie gebunden, die für die Gestaltung nicht zur Verfügung steht. Wenn ich sehe, dass es 38 Jahre gedauert hat, bis der Neubau der Schule bei uns in Ammerbuch alle Widerstände überwunden und Genehmigungen durchlaufen hat, dann weiß ich: In diesem System ist keine Entschlusskraft vorhanden.

Das ist eine kolossale Verschwendung von Ressourcen, die sich diese Gesellschaft nicht leisten kann, wenn sie vorankommen will. Die Herausforderungen, vor denen wir und die ganze Welt stehen, machen diesen Fortschritt dringend erforderlich. Es ist keine Luxus-, sondern eine Existenzfrage, dass Deutschland als Ganzes sich bewegt.

Wenn der Anteil derjenigen wächst, die Selbstverantwortung an die Stelle von Regeln setzen wollen, kann es gelingen, den Regeldschungel Stück für Stück zu reduzieren. Wenn wir für jede neu eingeführte Regel zwei alte abschaffen, kann wieder Freiraum entstehen. Dann kann das Gestalten das Verwalten ablösen.

Ich bin kein Utopist und schon gar kein Anarchist: Ein grober Rahmen wird weiterhin gebraucht. Selbst eine funktionierende Gemeinschaft tut gut daran, die eigenen Eckpunkte der Identität zu formulieren und damit das Spielfeld abzustecken, auf dem sich alle bewegen.

Genau das kann gelingen, wenn eine wachsende Zahl an Menschen ihre Individualität lebt. Sie kennen ihre Werte und sind in der Lage, auch in einer großen Gemeinschaft bewusst eine Identität aufzubauen, zu formen und weiterzuentwickeln.

Damit werden sie definitiv auch eine Veränderung in der politischen Landschaft bewirken: Wenn Individualität bei Politikern vom Nachteil zum Vorteil wird, wenn die Besetzung von Ministerien nach Fähigkeit und nicht mehr nach Popularität erfolgt, wenn Parteien wieder eine klare Identität gewinnen, die den Menschen nahesteht, dann hält die Energie auch wieder auf politischer Ebene Einzug.

Die gravierendste Auswirkung wird diese Veränderung jedoch im Bildungssystem zeigen.

Noch vergeben Lehrer Noten, statt Schüler individuell nach ganzheitlichen Maßstäben zu fordern und zu fördern. Wie die Steuergesetze ist die Notengebung ein künstliches Instrument im Namen der totalen Vergleichbarkeit. Diese wird als Gerechtigkeit verkauft. Dabei sorgt dieses Scheren über einen Kamm für die maximale Ungerechtigkeit, weil weder Stärken noch Schwächen Aufmerksamkeit erhalten. Belohnt und gefördert wird einseitig das Mittelmaß. Die Kinder werden systematisch auf Standard getrimmt, alles andere wird bestraft.

Sobald in diesem System ein Paradigmenwechsel stattfindet, indem der Wert der Individualität erkannt und jeder in seinen Stärken gestärkt wird, dann haben wir als Gesellschaft von unten heraus die Chance, uns zu erneuern. Wenn die Individualität in der Kindheit nicht mehr zugeschüttet wird, sondern gezielt gefördert, dann ist mir um die Zukunft dieses Landes nicht mehr bange.

Dann haben wir die Energie, die unsere Wirtschaft und unsere Gesellschaft voranbringen. Weil wir in unserer Individualität Identität finden und leben.

Der wirklich glückliche Löwe

Ich werde meiner Enkelin das alte Buch nicht schenken.
Ich werde ihr stattdessen die Geschichte von einem Löwen erzählen, der wirklich glücklich werden kann:

Der zufriedene Löwe lebt in einem Käfig im Zoo. Er wird gut versorgt, er mag die Besucher, die ihn fröhlich von draußen bestaunen.
Eines Tages vergisst der Tierpfleger, die Käfigtür richtig zu schließen.
Der Löwe beschließt, die Menschen zu besuchen.
Also verlässt er seine Box.
Kaum ist er aus dem Käfig getreten, fühlt er eine Veränderung. Er spürt eine Kraft in sich erwachen, wie er sie noch nie zuvor gekannt hat.
Er hebt seinen Kopf und stößt ein mächtiges Grollen aus. Alle Tiere, alle Besucher erstarren vor Schreck.
„W-w-w-willst du u-u-uns jetzt a-a-alle fressen?“, stammelt der Wärter, der gerade zurückgeeilt kommt.
„Nein, warum sollte ich?“, sagt der Löwe freundlich. „Aber ich sehe, welche Wirkung ich hier erziele. Ich könnte ab jetzt für die Sicherheit von allen in diesem Zoo sorgen. Das klingt nach einer sinnvollen Aufgabe für mich.“
„W-w-wirst du n-n-nicht mehr in d-d-deinen K-K-Käfig zurückgehen?“, fragt der Pfleger, immer noch schlotternd.
„Ich glaube nicht“, erwidert der Löwe. Fast wehmütig fährt er mit der Pfote von außen über die Gitterstäbe.
Der Mann ist nun ein wenig ruhiger. Seine Frage klingt fast neugierig: „Aber du bist hier draußen doch ganz auf dich gestellt. Wer wird dich denn mit Futter versorgen? Wer wird auf dich aufpassen? Hast du denn keine Angst?“
„Ein bisschen schon. Aber ich spüre Löwenkraft. Und ich weiß jetzt: Nur wenn ich sie einsetze, kann ich wirklich glücklich werden.“

Ich glaube, diese Version wird meiner Enkelin gefallen.
Mir jedenfalls gefällt sie viel besser.

Der Autor

Jürgen R. Schmid gehört zu den Top 10 der deutschen Produktdesigner und ist mit über 140 internationalen Design-Preisen ausgezeichnet.

Seine Firma „Design Tech" in Ammerbuch bei Tübingen ist international führend im Bereich zielorientiertes Maschinendesign. Jürgen R. Schmid und sein Team machen die Maschinen dieser Welt effizienter, ergonomischer und damit erfolgreicher.
www.designtech.eu

Jürgen R. Schmid ist Autor von mehreren Fachbüchern und -beiträgen zum Thema Industrial Design. Sein wöchentlicher Blog findet deutschlandweit Beachtung.

Doch der gebürtige Schwabe durchleuchtet nicht nur die Entwicklungen in der Designwelt. Mit seinem visionären Blick beobachtet Jürgen R. Schmid auch die Entwicklungen in Wirtschaft und Gesellschaft. Er hat schon lange aufgehört, sich Gedanken zu machen, ob etwas „normal" ist oder nicht. Und damit, was andere für möglich halten und was nicht. Er ist ein Querdenker und stolz darauf.

Melden Sie sich auf www.jürgen-schmid.de/energie an und erhalten Sie spannendes Zusatzmaterial rund um das Buch und den Autor.

Der Vortrag

Jürgen R. Schmid gibt es nicht nur gedruckt, sondern auch zum Anfassen. Denn seine Sprengkraft entwickelt er besonders dann, wenn er Dinge sichtbar machen kann. Und das tut er par excellence: gedankliche Begrenzungen, alte Muster, festgefahrene Ansichten – allesamt passé mit Jürgen R. Schmid.

Und was braucht ein guter Vortrag? Exakt: ein Flipchart!

Zumindest im Fall des Designers: Wenn jemand ein Flipchart zu nutzen weiß, dann er.

In Wort und Bild bringt er den nötigen Anstoß, damit sein Publikum wieder in Bewegung kommt. Denn wer in seinem Denkrahmen gefangen ist, reduziert sich selbst. Und Jürgen R. Schmid hält sein Versprechen, dass er diesen Rahmen ein für allemal sprengt.

Verschaffen Sie sich Ihr eigenes Bild unter www.jürgen-schmid.de/vortrag

Erscheinungsjahr 2018
1. Auflage

www.juergen-schmid.de

Umschlaggestaltung: ramp.space GmbH und Co. KG
Coverfoto: André Bakker
Layout: ramp.space GmbH und Co. KG
Satz: Bettina Wahl
Verlag: Jürgen R. Schmid
Druck: Alföldi, Debrecen/Ungarn
Printed in Hungary

ISBN: 978-3-947572-01-4